中国式法治现代化的理论与实践

—— 以司法现代化为视角

李银娥 著

上海大学出版社
·上海·

图书在版编目(CIP)数据

中国式法治现代化的理论与实践：以司法现代化为视角 / 李银娥著. -- 上海：上海大学出版社，2025.5. -- ISBN 978-7-5671-5238-0

Ⅰ．D920.0

中国国家版本馆 CIP 数据核字第 2025KP7991 号

责任编辑　邹亚楠
封面设计　柴佳琪
美术编辑　柯国富
技术编辑　金　鑫　钱宇坤

中国式法治现代化的理论与实践
—— 以司法现代化为视角

李银娥　著

上海大学出版社出版发行
（上海市上大路 99 号　邮政编码 200444）
（https://www.shupress.cn）发行热线 021-66135112
出版人　余　洋

＊

南京展望文化发展有限公司排版
上海普顺印刷包装有限公司印刷　各地新华书店经销
开本 710mm×1000mm　1/16　印张 12.25　字数 176 千
2025 年 5 月第 1 版　2025 年 5 月第 1 次印刷
ISBN 978-7-5671-5238-0/D・270　定价　68.00 元

版权所有　侵权必究
如发现本书有印装质量问题请与印刷厂质量科联系
联系电话：021-36522998

前　言

在全面建设社会主义现代化国家、全面推进中华民族伟大复兴的新征程上，"中国式法治现代化"已然成为法学领域的核心议题与时代课题。它不仅是中国式现代化的重要构成与法治保障，更是马克思主义法治理论中国化时代化的最新成果，是中国特色社会主义法治理论的重大创新。司法现代化作为中国式法治现代化的关键一环，其理论探索与实践推进意义深远。本书聚焦于此，从司法现代化的视角，深入剖析中国式法治现代化的理论内涵与实践路径。

法治与现代化的关系紧密，法治是现代化进程的重要构成，也是各领域发展的制度基石与规则支撑。对于有着独特国情与发展路径的中国式现代化而言，法治更是不可或缺的保障力量。习近平法治思想为中国特色社会主义法治建设提供了根本遵循，党的二十届三中全会通过的《中共中央关于进一步全面深化改革　推进中国式现代化的决定》为法治建设和法治改革擘画了宏伟蓝图，提出"法治是中国式现代化的重要保障""在法治轨道上深化改革、推进中国式现代化"等重大命题，凸显了法治在强国建设、民族复兴伟业中的关键地位。

司法作为法治运行的核心环节，是维护社会公平正义的最后一道防线，在国家治理现代化进程中扮演着重要的角色。司法现代化不仅是司法体制机制的革新，更是司法理念、司法能力、司法方式的全方位变革，其目标是建设公正高效权威的社会主义司法制度，让人民群众在每一个司法案件中感受到公平正义。

在理论层面，本书梳理了中国式法治现代化的理论渊源，包括马克思主义经典作家关于法治与司法的相关思想、马克思主义法治理论中国化成果等，深入探讨了司法现代化在中国式法治现代化中的重要地位，从司法现代化的目标分析、司法职权的配置、司法行为的规范,以及司法与人大、行政、社会等关系角度,构建起中国式法治现代化的司法理论体系。

在实践层面,本书立足中国司法的实践,梳理了新中国成立以来司法现代化的历史沿革,总结了新时代以来司法现代化的成功经验,如司法责任制改革、员额制改革、司法权力运行机制优化以及司法权力监督制度的完善等,同时直面当前司法现代化进程中面临的问题与挑战,提出针对性的解决方案和政策建议,探索如何在实践中更好地实现司法现代化与中国式法治现代化的有机融合。

本书的撰写,旨在为推动中国式法治现代化贡献一份力量,为法学理论研究提供新的视角,为司法实践工作者提供有益参考,也希望能引发社会各界对法治建设和司法现代化的深入思考与广泛讨论。

目　　录

绪论 …………………………………………………………… 1

第一章　全面依法治国战略与司法现代化 ……………………… 11

第一节　全面依法治国战略的提出 ……………………………… 13
一、加强社会主义民主与法制建设 …………………………… 14
二、依法治国，建设社会主义法治国家 ……………………… 15
三、全面推进依法治国，建设社会主义法治中国 …………… 16

第二节　全面依法治国的整体布局 ……………………………… 19
一、社会主义法治理论、法治道路、法治体系三位一体 …… 19
二、党的领导、人民当家作主、依法治国有机统一 ………… 23
三、党领导立法、保证执法、支持司法、带头守法全面落实
　　………………………………………………………………… 25
四、科学立法、严格执法、公正司法、全民守法协调发展 … 26
五、法治国家、法治政府、法治社会一体建设 ……………… 31
六、依法治国与以德治国相结合 ……………………………… 33
七、坚持依法治国与依规治党相统一 ………………………… 34

第三节　全面依法治国的战略地位 ……………………………… 35
一、全面依法治国是全面建设社会主义现代化国家的内在
　　要求 ………………………………………………………… 35
二、全面依法治国是全面深化改革的重要保障 ……………… 36
三、全面依法治国是中国共产党治国理政的基本方式 ……… 39
四、全面依法治国是中国特色法治文明发展的实践前提
　　………………………………………………………………… 40

第四节 司法现代化在全面依法治国战略中的重要地位 ……… 41
　一、司法现代化是消解司法内外困境的基本出路 ………… 41
　二、司法现代化是全面落实依法治国的基础工程 ………… 43
　三、司法现代化是中国式现代化的法治保障 ……………… 46

第二章　马克思主义关于法治与司法的相关思想 ……………… 49
第一节　马克思、恩格斯关于法治与司法的相关思想 ………… 51
　一、法律的本质是统治者的意志 …………………………… 51
　二、程序是实现实体法正义价值的保障 …………………… 53
　三、对资产阶级司法制度的批判 …………………………… 55
　四、对无产阶级司法制度的设想 …………………………… 57
第二节　列宁关于法治与司法的思想与实践 …………………… 59
　一、建立与社会主义经济基础相适应的司法制度 ………… 60
　二、坚持党对司法机关的领导 ……………………………… 61
　三、人民行使司法权 ………………………………………… 62
　四、人民行使监督权 ………………………………………… 63
第三节　中国化马克思主义的司法观 …………………………… 64
　一、司法的本质：满足人民日益增长的司法需求 ………… 64
　二、司法的使命：服务于党和国家的大局 ………………… 66
　三、司法的准则：以事实为根据，以法律为准绳 ………… 68
　四、提高司法水平关键在于司法队伍建设 ………………… 70
　五、司法机关依法独立行使职权原则 ……………………… 72

第三章　中国式司法现代化的历史沿革 ………………………… 75
第一节　新中国成立初期摧毁旧司法、建立人民司法 ………… 77
　一、废除六法全书，依新的司法原则初建司法系统 ……… 77
　二、以纯洁司法队伍为主要内容的司法改革运动 ………… 77
　三、新中国司法制度的正式确立 …………………………… 80
第二节　改革开放后中国式司法现代化的探索 ………………… 82

一、重建国家司法机关与司法制度 …………………… 82
　　二、自下而上的审判方式改革全面展开 ………………… 83
　　三、中国式司法现代化的初步探索 …………………… 85
　　四、中国式司法现代化的统一推进 …………………… 87
　　五、中国式司法现代化的逐步深化 …………………… 89
第三节　中国式司法现代化取得的初步成就 …………………… 91
　　一、完善了司法与党的领导、人大及行政之间的外部关系
　　　　……………………………………………………… 91
　　二、优化了政法机关内部的司法机制 ………………… 93
　　三、加强了司法机关人、财、物等资源保障 ………… 94
　　四、完善了审判方式和司法监督机制 ………………… 95

第四章　新时代以来中国式司法现代化的基本理论 …………… 97
　第一节　新时代中国式司法现代化的目标分析 ……………… 99
　　一、中国式司法现代化的全面深化 …………………… 99
　　二、建设公正、高效、权威的社会主义司法制度 …… 105
　第二节　新时代优化司法责任体系建设 ……………………… 114
　　一、司法责任制是司法体制改革的"牛鼻子" ………… 114
　　二、科学合理地配置司法职权 ………………………… 117
　　三、约束与规范司法行为 ……………………………… 119
　第三节　新时代以习近平法治思想指导司法现代化 ………… 121
　　一、党的全面领导是中国式司法现代化的根本保证 … 121
　　二、以人民为中心是中国式司法现代化的价值情怀 … 123
　　三、中国特色社会主义法治道路是中国式司法现代化的
　　　　必经之路 …………………………………………… 125
　第四节　完善人大对司法机关的监督关系 …………………… 127
　　一、人大对司法的监督法治化 ………………………… 128
　　二、司法解释具有合宪性 ……………………………… 129
　　三、人大在司法现代化进程中发挥关键作用 ………… 130

第五节 平衡行政与司法之间的关系……………………… 131
　一、司法机关人、财、物实行省级统管…………………… 132
　二、完善行政诉讼体制,增强法院对行政行为的制约 …… 133
　三、建立公益行政诉讼制度,强化检察机关对行政行为的
　　　监督…………………………………………………… 134

第六节 完善公民参与司法的方式……………………… 136
　一、完善司法公开机制……………………………………… 136
　二、规范舆论监督…………………………………………… 137
　三、完善人民陪审员和人民监督员制度…………………… 138
　四、尊重与保障人权………………………………………… 140

第五章 新时代以来中国式司法现代化的伟大实践………… 141
第一节 遵循司法规律科学配置司法权………………… 143
　一、以审判为中心,理顺法院、检察院、公安机关的关系
　　　…………………………………………………………… 143
　二、推行司法权与司法行政事务管理权相分离…………… 144
　三、推行审判权与执行权相分离…………………………… 150
　四、探索与行政区划适度分离的司法管辖制度…………… 153

第二节 优化司法权力运行机制………………………… 159
　一、以审判权为中心构建符合司法规律的组织架构与职权
　　　配置…………………………………………………… 159
　二、对合议庭(独任庭)予以法定的赋权…………………… 160
　三、逐渐还原审委会案件讨论制度的原貌………………… 161
　四、尊重检察权运作规律,对检察官进行制度性放权 …… 163

第三节 司法人员实行职业化建设……………………… 164
　一、司法人员实行员额制管理……………………………… 166
　二、加强法学教育,健全遴选制度,提高司法人员职业化
　　　能力……………………………………………………… 168
　三、完善司法人员职业保障制度…………………………… 170

  四、加强对司法人员的职业伦理与警示教育,及时遏制违
    规行为 ………………………………………………… 172
 第四节 完善司法权力监督制度 ……………………………… 174
  一、全面依法治国背景下司法权运行的制度约束 ………… 174
  二、上下级法院之间的审级监督 …………………………… 175
  三、改革与完善检察机关的法律监督 ……………………… 176

参考文献 ……………………………………………………… 178

后记 …………………………………………………………… 184

绪 论

党的二十大报告指出,新时代新征程中国共产党的中心任务是以中国式现代化全面推进中华民族伟大复兴。要理解"中国式现代化",必须先把握"现代化"这个概念。应该说,现代化是一个世界性的课题,也是一个世界性的历史进程。现代化主要指的是人类进入工业革命以来,在经济、政治、文化、社会等各个方面所发生的深刻变化,包括从传统经济发展方式向现代市场经济发展方式的转变,传统政治文明向现代政治文明的转变,传统精神文化向现代精神文化的转变等。

中国式现代化是一条既遵循人类社会发展规律、又体现中国特色社会主义性质和本质要求、切合中国实际的现代化新路,具有丰富的内涵和鲜明的中国特色。党的二十大报告指出:"中国式现代化是人口规模巨大的现代化,是全体人民共同富裕的现代化,是物质文明和精神文明相协调的现代化,是人与自然和谐共生的现代化,是走和平发展道路的现代化。"中国式现代化是一个全方位、多领域的现代化,不仅包括物质的现代化,也包含制度的现代化。党的十八届三中全会指出,"全面深化改革的总目标是完善中国特色社会主义制度,推进国家治理体系和治理能力现代化"。党的二十届三中全会也强调:"进一步全面深化改革的总目标是进一步完善中国特色社会主义制度,推进国家治理体系和治理能力现代化。"国家治理体系和治理能力现代化,本质上就是制度的现代化。在当今时代,随着现代化发展的加速与深入,国家之间的竞争集中体现为包括经济、政治、外交、文化、意识形态等在内的各方面制度之间的较量。物质的现代化和制度的现代化之间,要靠"人的现代化"来连接,就是也要实现"人的全面发展"。所以说,中国特色社会主义新时代以来推进的现代化,是物质的现代化、制度的现代化和人的现代化的整合,体现了中国式现代化的全方位、多领域,成功将社会主义现代化推向一个新的历史高度。

中国式现代化这个大系统包含了物质现代化、制度现代化和人的现代化,国家治理体系和治理能力现代化是制度现代化,也是中国式现代化的重要组成部分,决定着中国式现代化进程的水平与成败。纵观世界现代化发展的历史进程,现代化与法治是相伴而生、不可分割的,法治是现代化的内在要求,现代化的实现必然依赖法治。可以说,法治是国家治理体系中的重要组成部分,法治的现代化也是国家治理现代化的重要构成,法治现代化是国家现代化的应有之义。

"法治"是一种依据法律实施的治国方略和社会调控方式,法治本身也是一个体系。习近平总书记指出:"全面推进依法治国的总目标是建设中国特色社会主义法治体系、建设社会主义法治国家。我们抓住法治体系建设这个总抓手,坚持党的领导、人民当家作主、依法治国有机统一,坚持依法治国、依法执政、依法行政共同推进,坚持法治国家、法治政府、法治社会一体建设,全面深化法治领域改革,统筹推进法律规范体系、法治实施体系、法治监督体系、法治保障体系和党内法规体系建设,推进中国特色社会主义法治体系建设取得历史性成就。"①建设中国特色社会主义法治体系,就是贯彻中国特色社会主义法治理论,形成完备的法律规范体系,高效的法治实施体系,严密的法治监督体系,有力的法治保障体系,完善的党内法规体系。法治的现代化,意味着中国特色社会主义法治体系包含的这五个子体系都要实现现代化,即法律规范体系的现代化意味着法律规范体系要完备;法治实施体系的现代化意味着法治实施体系要高效;法治监督体系的现代化意味着法治监督体系要严密;法治保障体系的现代化意味着法治保障体系要有力;党内法规体系的现代化意味着党内法规体系要完善,这五个子体系的现代化是法治现代化的基本前提,法治现代化也表现为法治体系高质量地保障国家治理,高效能地实现国家治理的目标。

在法治体系的五个子体系中,法治实施体系是最为重要的一部分,法治实施体系是法治规范体系和党内法规体系中法治价值得以实现的保

---

① 习近平:《坚持走中国特色社会主义法治道路 更好推进中国特色社会主义法治体系建设》,《求是》2022年第4期。

证,法治监督体系和法治保障体系也是为了支持法治实施体系更好地实现功能。法治实施体系包括执法、司法、守法环节,司法是其中极为重要的组成部分。司法通过解决法律生活中的争议冲突,维护社会组织和社会成员的合法权益,制裁违法行为,维护法治秩序,实现法治价值。司法特有的功能与使命决定了其在法治实施体系和整个社会主义法治体系乃至整个国家治理体系中的重要地位和重要作用。所以,法治现代化的目标与任务中,司法现代化是其中特别重要的一部分,本书以司法现代化为视角来阐述中国式法治现代化的理论与实践。

司法以解决社会冲突为主要任务,是一项重要的国家职能,也是国家法律生活中最基本的表现形式。科学的概念应当有明确、清晰的界定,但对于司法的概念界定有广义说、狭义说、二元说和一元说等。在我国古代,虽有"司法"之词,但与现代意义上的"司法"概念有别,多用于指代官职,是"掌管法律或主管法律"的意思[①]。所以,我们现在界定司法,需要以现代法治条件下的司法为基础,而且要涵盖不同类型的司法本质,与国际通用的司法概念接轨。

曾庆敏主编的《精编法学辞典》将司法界定为具有司法权的国家机关依照法律规范和诉讼程序处理案件的活动,制裁违法行为,保护合法行为和法定权利,等同于狭义上的"法的适用"[②]。邹瑜、顾明总主编的《法学大辞典》认为,司法是指拥有司法权的国家机关,依照法定职权和诉讼程序处理刑事、民事和行政案件,并对这种处理过程进行法律监督[③]。王利明教授认为,司法是拥有司法权的国家机关运用国家法律进行案件裁判并监督法律实施的活动,主要职能在于纠纷解决[④]。陈光中认为,司法是国家解决纠纷、惩罚犯罪的诉讼活动,是国家行使司法权的职能活动[⑤]。本书所指的司法,着眼于所指向的研究对象,是国家审判机关和国

[①] 参见吴卫军:《司法改革原理研究》,中国人民公安大学出版社2003年版,第15页。
[②] 曾庆敏主编:《精编法学辞典》,上海辞书出版社2000年版,第243页。
[③] 邹瑜、顾明总主编:《法学大辞典》,中国政法大学出版社1991年版,第433页。
[④] 王利明:《司法改革研究》,法律出版社2001年版,第4页。
[⑤] 罗欣:《"既不能脱离现实,又要适当超前"——陈光中教授谈司法体制改革》,《检察日报》2008年10月7日。

家检察机关依照法律授予的职权和法律规定的程序,对案件予以裁判或进行法律监督的司法活动,主要有以下几个特征:其一,司法的主体是国家法定的司法机关。现代国家一般都会以宪法的形式明确国家的司法机关和享有的司法职权。以三权分立原则建制的资本主义国家,司法机关一般仅指享有居中裁判权的法院,而中国现行政治体制下,国家法定的司法机关指人民法院和人民检察院。其二,司法从职能上看,是一种解决纠纷的活动。这意味着纠纷是司法的客体,无论是个体之间的纠纷还是个体与国家之间的纠纷。司法具有被动性,只有纠纷当事人将纠纷提交审判,由裁判者居中裁判,这才产生司法活动。其三,司法活动必须依法进行。这包含两层意思,一方面指司法活动解决纠纷的依据是法律而非其他,另一方面指司法活动不能随意开展,必须遵照法律规定的司法程序进行,不然会影响到司法的结果与司法的效力。

依据司法和现代化的概念,司法现代化的内涵也非常丰富。第一,从行为特征看,司法权是一种居中裁判权。与制定规则的立法权和推行规则的行政权不同的是,司法是以纠纷的裁决为根本任务,依据纠纷当事人的事实主张和法律适用主张进行判断,犹如赛场上的裁判,在对立双方之间做出居中判决,司法本质上是一种裁判权,是司法机关依照法定的制度和程序行使司法权的活动。在这个意义上,司法现代化是指司法制度以及司法权实现过程的现代化。第二,从权力属性看,司法权属于一种社会权力。司法是依赖一定社会力量的介入而启动的,司法权的行使者在整个政治系统中只具备较弱的政治色彩,司法的主要目标是为社会服务,在不同主体之间进行纠纷裁决,从而实现社会的公正,体现了对于社会利益和社会意志的综合考量,司法机构算是一种比较特殊的社会服务机构。司法现代化是指司法机构及其司法服务模式也即司法权的实现过程也要由传统向现代进行转型变革。第三,司法现代化是指司法制度体系现代化及司法过程的现代化。司法制度体系指遵照现代司法理念,在继承中华优秀司法传统基础上建立的科学、合理、完善的司法机构及其运行体制。司法过程的现代化指确保司法制度体系良好运行、司法权居中裁判效能充分发挥,有效实现司法效能。

绪 论

党的十八大以来,中国特色社会主义进入新时代,中国共产党带领中国人民实现了全面建成小康社会的伟大任务,自党的二十大以来,开启了全面建设社会主义现代化国家的新征程,朝第二个百年奋斗目标迈进。我们要全面建设社会主义现代化国家,法治强国是中国特色社会主义现代化国家的重要方面,司法现代化是法治强国的重要组成部分,作为法治体系的重要组成部分,司法现代化要为以中国式现代化全面推进强国建设、民族复兴伟业提供更加有力的司法保障。正如中国式现代化具有鲜明的中国特色,中国式司法现代化也具有基于自己国情的中国特色,比如具有鲜明中国特色的调解制度、基层社会治理创新实践的新"枫桥经验"等。改革开放以来,尤其是中国特色社会主义进入新时代以来,在新的发展理念、新的发展要求的基础上,中国式司法现代化自觉融入国家治理体系和治理能力现代化的进程中,有了更加明确的发展目标,也取得了巨大的成就,全面提升了司法现代化的水平和能力。

党的二十届三中全会指出,"改革开放是党和人民事业大踏步赶上时代的重要法宝","当前和今后一个时期是以中国式现代化全面推进强国建设、民族复兴伟业的关键时期。中国式现代化是在改革开放中不断推进的,也必将在改革开放中开辟广阔前景","改革开放只有进行时,没有完成时。全党必须自觉把改革摆在更加突出的位置,紧紧围绕推进中国式现代化进一步全面深化改革"。① 要想实现中国式司法现代化,解决司法领域中影响司法公正的体制机制问题,根本途径也在于改革。因此,司法现代化与司法体制改革是相辅相成的。司法现代化离不开司法体制改革,司法体制改革是推动司法体系和司法能力现代化的必要举措。正如习近平总书记所指出的:改革与法治,如车之两轮、鸟之两翼;"在法治下推进改革,在改革中完善法治,这就是我们说的改革和法治是两个轮子的含义。"②

---

① 《中共中央关于进一步全面深化改革 推进中国式现代化的决定》,人民出版社2024年版,第1—3页。
② 中共中央文献研究室编:《习近平关于全面依法治国论述摘编》,中央文献出版社2015年版,第52页。

司法体制改革是中国政治体制改革的重要组成部分,把司法体制改革作为政治体制改革的突破口,主要原因在于司法权在我国的政治实践运作和国家权力链条中是最为弱小的,适合将其作为改革的突破口和政治体制改革的"试验田",在法治的轨道上用法治的方式去探索政治体制改革的路径。我国是单一制国家,司法权是中央权力,国家在各级地方设置人民法院和人民检察院,统一适用法律规范,平等保护各方当事人的权益,代表国家在全国范围内统一行使司法权。因此,司法体制层面的改革也应该属于中央事权的范畴,涉及司法机关与其他国家机关之间以及审判机关与检察机关之间的机构设置、职权划分、组织领导关系,需要由全国人民代表大会(下文简称"全国人大")通过宪法或法律的修改予以调整,司法机关只可依据各自职权在系统内部进行工作机制方面的相应改革。

司法体制作为现代民主和政治体制的有机组成部分,它在法治建设和政治改革中占据非常重要的地位并起着重要的作用。从某种程度上讲,司法体制的状况是衡量一个国家法治文明、人权事业进步的重要尺度。新中国成立之后,中国逐步建立了具有自身特色的社会主义司法体制。实践证明,具有中国特色的社会主义司法体制是全面建成社会主义现代化强国的有力法治保障,也是中国特色社会主义制度的重要组成部分,在维护国家稳定、促进社会和谐方面作出了积极贡献。但随着社会主义市场经济的快速发展和司法环境的变化,司法体制在快速发展的政治、经济和社会环境下亟待加以改革,以适应全面推进中国式现代化对于司法保障的要求。

随着我国社会主义建设事业在政治、经济、文化等各个方面的快速发展,我国社会主义建设事业处在关键历史时期。政治、经济、文化和社会等各个方面的极大变化使我国处在前所未有的新时期,在这个时期,空前的社会变革在给社会发展创造无限活力的同时也产生了各种各样的矛盾和问题,而且广大人民群众的法律意识、法治观念、利益诉求也随着经济的发展而不断增强,并对司法工作提出了更高、更多的要求。司法机关如果不能正确应对这些矛盾和问题,势必将影响我国构建社会主义和谐社会和建设社会主义法治中国的进程。

全面依法治国是国家治理的一场深刻革命,司法是实现法治的重要环节,司法的水平关乎着国家治理的水平,国家治理能力的提升也依赖司法能力的提升,因此,在进行国家治理的过程中,必须对司法的结构和职能做科学合理的设计,进一步全面深化司法改革是回应全面依法治国、提升国家治理水平和治理能力的时代要求而进行的社会治理领域的变革。中国式司法现代化是一个不可逆转的历史进程,也是实现法治现代化、建设法治中国的重要环节。我们必须在习近平法治思想的指导下,坚持全面依法治国,在法治轨道上进一步深化改革、推进中国式法治现代化及司法现代化建设,为实现强国建设、民族复兴伟业提供坚实的法治保障。

THE
FIRST
CHAPTER

第一章

全面依法治国战略与司法现代化

"四个全面"战略思想是中国共产党在建设中国特色社会主义事业过程中形成的更新更全面的认识,体现了执政党深刻把握了新时期中国特色社会主义的建设规律。全面依法治国是"四个全面"战略思想的重要组成部分,具有特殊的战略地位。中国共产党领导中国人民治理国家的基本方略是依法治国,中国共产党治国理政的基本方式是法治。我国已经开启了全面建设社会主义现代化国家的新征程,改革也进入了"啃硬骨头"的时期,这就更加凸显了全面依法治国在党和国家战略全局中的重要地位和巨大作用。我们要如期实现全面建成社会主义现代化强国的目标,实现民族复兴伟业,必须要全面推进依法治国的基本方略。

第一节 全面依法治国战略的提出

1949年新中国成立之初,中国共产党就带领全国人民揭开了对法治探索的序幕,从具有临时宪法性质的《中国人民政治协商会议共同纲领》到1954年正式诞生第一部真正意义上的《中华人民共和国宪法》[①](下文简称"五四宪法"),标志着我们现在提出的全面依法治国战略经历了长期探索、形成与发展的过程。"五四宪法"奠定了中国法治建设的基础,主要规定了我国的根本政治制度、基本经济制度,以及中华人民共和国公民所拥有的基本权利与需要承担的基本义务。此后,我国的民主法制建设虽

---

① 为便于阅读,本书下文中相关法律文件标题中的"中华人民共和国"字样都予以省略。

因政治运动遭遇破坏,但在党的十一届三中全会后开启的拨乱反正和改革开放的历史大背景下,加强社会主义民主法制建设的伟大决策让中国的法治建设迎来了新的发展机遇期。中国共产党先后提出了"加强社会主义民主与法制建设""依法治国,建设社会主义法治国家"和"全面推进依法治国,建设社会主义法治中国"三个伟大战略构想。

一、加强社会主义民主与法制建设

1978年,在中央工作会议的闭幕仪式上,邓小平作了《解放思想实事求是团结一致向前看》的重要讲话,深刻阐述了发扬社会主义民主、健全社会主义法制的必要性,提出必须使人民民主法律化和制度化,使法律和民主制度不因领导人的变更或者因领导人注意力的转变而改变,加强社会主义法制建设,这样才能更好地保障人民民主①。由此可以表明,中国共产党由人治的治国方略向法治的治国方略的重大转变。

中国是实行人民民主专政的社会主义国家,建设具有中国特色的社会主义法治中国,必须要依托人民群众的伟大力量,调动人民群众参与建设的积极性和主动性,"没有民主就没有社会主义"②,所以要充分地扩大民主,保障人民群众的民主权利。大力发展社会主义民主,关乎社会主义中国的长治久安和人民群众的福祉,从思想和制度两个层面去保证党和国家政治的民主化、经济的民主化和社会生活的民主化,制度层面尤其要注意加强社会主义法制建设,"还是要靠法制,搞法制靠得住些"③,社会主义现代化建设事业没有法制是不行的。

邓小平针对人民法院和人民检察院的法制发展,提出了"有法可依、有法必依、执法必严、违法必究"的"十六字方针"的基本要求,而且针对当时法律制定不完备的现实问题,我国集中力量制定了"八二宪法",以及

---

① 参见《邓小平文选》第2卷,人民出版社1994年版,第146页。
② 《邓小平文选》第2卷,人民出版社1994年版,第147页。
③ 《邓小平文选》第3卷,人民出版社1993年版,第179页。

《刑法》《刑事诉讼法》《民法通则》和《民事诉讼法(试行)》等国家社会生活中的基本法律,将国家和企业、个人之间的关系以法律的形式确定下来。截至1987年党的十三大召开,我国初步形成了以宪法为基础的社会主义法律体系。①

二、依法治国,建设社会主义法治国家

中国的法治建设随着改革开放进程的持续而蓬勃开展,党的十五大正式确定了中国共产党领导中国人民进行国家治理的基本方略是"依法治国",标志着治国方略从人治向法治的转变。从"法制国家"到"法治国家",虽一字之差,却进行了将近20年的讨论。所谓法制,是指宪法及刑事领域、民事领域、行政领域和诉讼领域的各个部门法,以及立法、行政和司法等各项法律和制度的统称。法治,则体现了中国共产党领导人民进行国家治理、经济治理、社会文化治理的动态过程。法制到法治,是静态的法制转化为动态的国家治理,包含了"民主""平等""自由""人权"等价值追求,也更好地保障了人民群众当家作主的权益和地位。

在依法治国方略的统领之下,党的十五大提出要加强立法,提高立法质量,建成具有中国特色的社会主义法律体系。第九届全国人民代表大会在1999年将"中华人民共和国实行依法治国,建设社会主义法治国家"以宪法修正案的形式正式写入了宪法,将中国共产党的法治主张提升到宪法的高度,以宪法的形式确立了"依法治国"的基本治国方略,使中国共产党的执政理念通过法律的程序转化为国家的意志。2004年,第十届全国人民代表大会将"国家尊重和保障人权"以宪法修正案的形式纳入了宪法,社会主义法治的内涵得到了进一步的丰富。《合同法》《物权法》《侵权责任法》等民事基本法律的相继出台,使社会主义市场经济相关制度得到更好的规范,在2011年召开的第十一届全国人大四次会议上,吴邦国作

---

① 参见《十一届三中全会以来党的历次代表大会中央全会重要文件选编》(上),中央文献出版社1998年版,第441页。

为全国人大常委会委员长郑重宣布中国已经形成了具有中国特色的社会主义法律体系①。由此可见,经过新中国60多年,尤其是改革开放多年来的不懈努力,我国在政治、经济、文化、社会和生态文明建设等各方面基本实现了有法可依,依法治国的治国方略得到了进一步的贯彻落实。

三、全面推进依法治国,建设社会主义法治中国

2013年1月,习近平在全国政法工作会议上第一次提出了"法治中国"的概念,指出为了满足人民群众对于司法公正的期待,必须要全力推进"法治中国"的建设。习近平在2013年2月主持中央政治局集体学习时,又将"法治中国"的内涵作了进一步的阐释,提出了建设"法治中国"的"共同推进"和"一体建设"两个基本任务,即依法治国、依法执政、依法行政的共同推进和法治国家、法治政府、法治社会一体建设这两个层面的建设任务②。2013年11月,党的十八届三中全会正式提出了"推进法治中国建设"的战略目标,并将其上升为党的战略任务和执政目标,突出强调了深化司法体制改革在整个"法治中国"建设中的重要战略地位。"法治中国"建设任务的提出,标志着我国的法治实践迈上了新台阶,丰富和升华了依法治国的基本方略。2013年12月,第十二届全国人大常委会第六次会议通过了废止劳动教养的决定,将党的十八届三中全会提出的"废止劳动教养制度"的政治主张以法律的方式和程序予以落实,这是国家运用法治方式和法治思维推进改革的初步法治实践。"法治中国"是中国共产党在推进国家治理体系和治理能力现代化过程中,推动社会主义法治国家建设的新境界,体现了中国共产党作为执政党的理论探索和实践自觉。

全面依法治国是中国共产党对于"依法治国"的治国基本方略的丰富

---

① 参见《吴邦国在十一届全国人大四次会议上作的常委会工作报告》,《人民日报》2011年3月11日,第1版。
② 《习近平总书记系列重要讲话读本》,学习出版社、人民出版社2014年版,第81页。

与发展,2014年10月,党的十八届四中全会首次以法治为主题,系统部署了"全面依法治国"。习近平总书记2014年12月到江苏调研时首次提出了"四个全面"的战略布局,为了推动社会主义现代化建设,协调推动经济发展的新常态,必须将全面从严治党与全面建成小康社会、全面深化改革、全面依法治国结合起来①,将全面依法治国纳入"四个全面"战略布局之中,我国法治建设在"四个全面"战略布局中跨入了协调推进、全面发展、转型升级的新阶段。2015年2月,习近平总书记在省部级领导干部培训班上,针对全面推进依法治国的专题探讨,强调一定要在"四个全面"的总体战略布局中去深刻把握全面依法治国的丰富内涵。首先,必须加强宪法实施,因为宪法是由中国共产党领导中国人民制定的,反映了全党和全国各族人民的共同意志和根本利益,是我国的根本大法,是治国安邦的总章程,也是中国共产党治国理政的总依据。全面依法治国,必须首先依宪治国、依宪执政。其次,要以法治方式和思维推进法治中国建设。法治中国是全面小康社会的应有之义,是实现国家治理体系和治理能力现代化的必要条件。面对经济全球化的深入发展以及转型期中国发展过程中的矛盾与挑战,必然要求以法治思维有效化解矛盾纠纷,以法律制度实现国家的长治久安和社会的和谐稳定,着力建设平安中国。再次,全面依法治国就是要增强全民法治观念和法治意识。国家应当将法治教育纳入精神文明建设体系,加强法治教育与宣传,把全民普法教育作为全面依法治国的基础性工作常抓不懈,这就要求领导干部这一"关键少数",要带头尊法、学法、守法、用法,唯有如此,方能在"法治中国"建设上不断见新成效。2017年10月,党的十九大提出成立中央全面依法治国委员会,研究全面依法治国的重大问题和重大事项,对法治建设进行顶层设计。2020年11月,中共中央召开了党的历史上首次中央全面依法治国工作会议,提出了习近平法治思想,并将其明确为全面依法治国的指导思想。2022年10月党的二十大上,习近平总书记指出要将国家各方面工作都纳入法治化的轨道。可以看出,全面依法治国是全方位、全过程、全领域

---

① 《"四个全面"学习读本》,人民出版社2015年版,第19页。

的依法治国,在立法、执法、司法和党内法规等各领域全面推进。

在立法领域,科学立法全面推进。党的十八大以来,我国立法工作紧紧围绕"四个全面"战略布局和"五位一体"总体布局展开,修改完善了《立法法》,规范立法授权,加强备案审查,规范司法解释,理顺各部门之间职能分工,及时为良法的制定提供了依据。编纂出台了《民法典》,这是我国以良法促善治的重要立法成果,为人民生活各领域提供了根本遵循。重点领域立法实现新突破,立法质量和效率明显提升。截至2024年8月7日,在我国现行有效的303件法律中,属于十八届三中全会后新制定的法律有78件,对303件法律中的147部法律先后累计修改334件次,修法的力度也非常大。① 在执法领域,深入推进依法行政,加快建设法治政府。推动"放管服"改革,进一步简政放权,大幅减少行政审批事项,建立政府权力清单、负面清单、责任清单,规范政府权力运行。修订《行政诉讼法》,进一步深化和加强了对行政权力的监督和制约。提出"加快转变政府职能,加快打造市场化、法治化、国际化营商环境"②,这也成为非常重要的推动政府职能转变的目标。在司法领域,进一步推进司法体制改革。落实立案登记制度,彻底解决"立案难"的问题。实行员额制改革,落实"谁办案谁负责"的司法责任制,防范违法违规办案。完善审判权力运行及监督机制,强化责任追究,依法纠正了一批重大冤假错案,守住社会公平正义的最后一道防线。废除劳动教养、收容教育等不合理制度。在守法领域,把普法作为基础性工作,实行"谁执法谁普法"的普法责任制,全社会法治观念明显增强。在党内法规领域,坚持依规全面从严治党。中国共产党秉持守规明纪的优良传统,加强对权力运行的监督和制约,截至2024年3月,全党现行有效党内法规共3890部。其中,党中央制定的中央党内法规221部,中央纪律检查委员会以及党中央工作机关制定的部委党内法规202部,省、自治区、直辖市党委制定的地方党内法规

---

① 《深化立法领域改革,在法治轨道上推进中国式现代化——访全国人大常委会法制工作委员会主任沈春耀》,北京人大网 http://www.bjrd.gov.cn/xwzx/fzlt/202408/t20240807_3768248.html.

② 《习近平著作选读》(第二卷),人民出版社2023年版,第383页。

3 467 部。党的十八大以来,新制定修订的党内法规占比超过 70%[①],形成了比较完善的党内法规体系。持续深化国家监察体制改革,健全党领导下的高效监督体系,实现了依规治党与依法治国有机统一。

第二节 全面依法治国的整体布局

全面依法治国从多个角度彰显了法治的精神,全方位地丰富了法治的内涵,针对中国特色社会主义事业,进行了"三个共同推进"和"三个一体建设"的整体部署,科学立法、严格执法、公正司法、全民守法的"新十六字方针",覆盖了法治运行的全过程,凸显了完整的社会主义法治建设规划,法律规范体系、法治实施体系、法治监督体系、法治保障体系和党内法规体系的协调发展与推进,体现了中国对于全面依法治国战略的系统性思考与一体化推进。

一、社会主义法治理论、法治道路、法治体系三位一体

马克思认为,理论来源于实践,理论也可以引导实践。只有指导思想正确,才能保证道路方向正确。中国特色社会主义的法治理论,可以为中国特色社会主义法治建设提供理论指导和学理支撑。新中国成立以来,我国法治建设始终坚持马克思主义的立场、观点和方法,将马克思主义关于法治的思想与我国的法治国情相结合,同时继承中华优秀传统法律文化,借鉴西方现代法治理念,形成并完善了中国特色社会主义法治理论,最新理论成果就是习近平法治思想,这是新时代我国法治建设的最辉煌成就,是法治中国建设的根本遵循与行动指南。新中国成立以来,我国制

---

① 张劲:《持之以恒推进依规治党——新时代党内法规制度建设》,《党建》2024 年第 6 期。

定宪法,推进法制建设,形成了毛泽东民主法制思想。中国特色社会主义法治理论萌芽于1954年前后毛泽东对法的认识,毛泽东亲自主持宪法的起草,提出民主立法、严格司法、法律面前人人平等的法律思想。改革开放以后,邓小平在反思历史教训的基础上提出"民主与法制"思想,重视社会主义法制建设;党的十五大明确提出"依法治国"基本方略,并在之后的法治建设实践中不断总结经验、深化认识。党的十八大以来,习近平总书记在科学总结中国特色社会主义法治实践经验的基础上,对这一理论体系加以丰富与完善,形成了习近平法治思想。在不断推进全面依法治国的进程中,习近平总书记坚持守正创新,对"为什么要全面依法治国、怎样全面依法治国"这个重大时代课题,在理论上给予了原创性的科学回答,逐步形成了内涵丰富、科学系统的思想体系。

习近平法治思想体现为"十一个坚持",是以全面依法治国的法治实践为基础,由价值理论、制度理论、运行理论等构成的中国特色社会主义法治理论体系。其一,法治的价值理论,主要包括马克思主义的民主观、公平正义观、法治观、人权保障等价值理论,涉及中国特色社会主义理论体系和现代法治建设的基本价值和核心范畴;其二,法治的制度理论,主要包括依宪治国、依宪执政理论,中国共产党依法执政和依规治党的制度理论、中国特色社会主义法治政府和依法行政的制度理论等;其三,法治运行理论,主要包括科学立法、严格执法、公正司法、全民守法等法治运行的各个环节,涉及现代法治理论的基本适用以及法治建设实践等;其四,中国特色社会主义法治建设的外部环境理论,比如法治建设必须坚持党的领导,法治建设必须与全面深化改革相协调等。应该说,以习近平法治思想作为最新理论成果,在坚持马克思主义法治思想、继承中国共产党法治思想的基础上,在充分借鉴西方国家法治文明成熟理念的情况下,深入挖掘本土优秀的法治资源,创造性地继承和发展了中国传统的法治文明,是中国法治文明的全面进步。这些在坚持马克思主义法治思想指导、基于中国传统法治文明的创造性转换基础上、并借鉴西方国家法治文明成果的中国特色法治文明价值体系具有普遍的世界性意义,不仅可以为国际社会治理提供重要的思想资源,而且还能够在与西方对话时充分体现中国特色的法治理论。

在新生的中国,探索建设社会主义法治,所选择的方向和道路至关重要,关系到发展全局和事业成败。新中国成立以来,我们立足本国的法治国情和时代需求,在解决法治建设重大时代课题的过程中,开辟出一条中国特色社会主义法治道路,这是一条适合我国发展且行之有效的法治道路。习近平总书记曾旗帜鲜明地指出:"中国特色社会主义法治道路是一个管总的东西。具体讲我国法治建设的成就,大大小小可以列举出十几条、几十条,但归结起来就是开辟了中国特色社会主义法治道路这一条。"①

建设中国特色社会主义法治体系,是中国共产党提出的具有原创性、时代性的概念和理论。全面推进依法治国是一个涉及立法、执法、司法、守法各领域共同推进的系统工程,涉及依法治国、依法执政、依法行政、依法治军各方面的协调发展,是全方位、全领域、全过程的依法治国。中国特色社会主义法治体系这个概念,是全面依法治国这个系统工程的顶层设计和施工图,让我们既明晰法治建设的所有内容,也牵住牛鼻子,明确法治建设的重点内容,主要包括法的制度体系、法的运行体系、法的保障体系三方面的内容。

法的制度体系包括完备的法律规范体系和完善的党内法规体系。进行法治建设,前提是要有法可依,但是新中国成立之初,乃至改革开放初期,我国立法很不完备,在很多领域存在着无法可依的状态,所以当时法治建设的重点就是加快立法,经过持续努力,社会主义法律体系已经建成,总体实现了有法可依。党的十八大以来,我们在有法可依的基础上,提出科学立法,立良善之法,我们及时修改与完善现行法律,适时制定新的法律,立法质量得到了显著提升。《民法典》的出台,使我国步入法典化时代,也为其他领域立法法典化提供了很好的范例。全面依法治国,既要依法治国,也要依规治党,完善的党内法规也是社会主义法治体系的重要构成。中国共产党自诞生之日起,就注重党内法规建设,中国共产党第二

---

① 《习近平著作选读》(第一卷),人民出版社2023年版,第297页。

次全国代表大会就制定了《中国共产党章程》，这是中国共产党的总规矩，是最根本的党内法规。经过一百多年的持续努力，特别是党的十八大以来，制定出台了一大批重要的党内法规，形成了以"1+4"为基本框架的比较完善的党内法规体系。

法的运行体系包括法治实施体系和法治监督体系。"天下之事，不难于立法，而难于法之必行。"①现在，我们社会生活中发生的许多问题，有的是因为立法不够，更多是因为有法不依、失于规制。行政机关、司法机关是法治实施的重要主体，担负着法治实施的法定职责。新中国成立以来，尤其是改革开放以来，我国坚持以"法定职责必须为，法无授权不可为"的行为基点深入推进依法行政，1990年《行政诉讼法》的施行，"民告官"法律制度的正式实施，也倒逼着法治政府建设的步伐加快。党的十八大以来，中央政府进一步简政放权，推进政府权力清单、责任清单制度，各级政府围绕"打造市场化、法治化、国际化营商环境"，推动政府职能转变，尊重市场经济规律，通过市场化手段，在法治框架内调整各类市场主体的利益关系，把平等法律保护贯彻到立法、执法、司法、守法各个环节。深化司法体制改革，严肃惩治司法腐败，守好社会公平正义的最后一道防线。而公权力姓公，则必须为公。只要有公权力存在，就必须要完善权力监督和制约机制，织密法治监督的体系网。新中国成立以来，我国逐渐构建了党统一领导、全面覆盖、权威高效的法治监督体系，加强立法监督、执法监督、司法监督，拓宽了人民监督权力的渠道，尤其是国家监察机关对公权力最为直接有效的监督，保证了各项公权力依法正确行使。法治保障体系必须有力，建设法治中国，必须加强各方面全方位的保障，为全面依法治国提供重要支撑。我国创新法治人才培养机制，培养了一大批高素质的法治人才，加强法治及相关领域的基础性问题研究，对复杂的现实进行深入分析研究，提炼规律性认识，同时推进立法、执法、司法机关进行网络化、智能化改造，用科技赋能社会主义法治建设。

社会主义法治理论、法治道路和法治体系的"三位一体"，是中国共产

---

① 《习近平著作选读》（第一卷），人民出版社2023年版，第304页。该句出自明代张居正《请稽查章奏随事考成以修实政疏》。

党领导中国人民在推进中国特色社会主义法治中国建设中的重要理论支撑和基本的制度保障,确保我国的法治建设始终在正确的道路上进行,这也充分展现了我国在社会主义法治发展上的道路自信、理论自信和制度自信。

二、党的领导、人民当家作主、依法治国有机统一

党的领导、人民当家作主和依法治国有机统一,是经过中国特色社会主义法治实践充分证明的适合指导当代中国法治发展的基本方针,也是中国共产党执政70多年来对执政规律的经验总结。

坚持中国共产党的领导,是我国法治建设的一条基本经验,是中国特色社会主义法治之魂,也是人民当家作主和依法治国的根本保证。中国共产党是与西方政党不一样的政党,西方政党是各自阶级、阶层和利益集团的代表,在多党制宪政模式下,执政党、在野党、反对党等政党的政治角色各有不同,代表的利益主体也各异,这种代表各自利益的政党与法治所追寻的公正、平等的价值理念存在着明显的差异,它们之间呈现出多元、错位甚至割裂的关系。但在我国,中国共产党是社会主义事业的唯一执政党和领导党,代表的是全体人民的共同利益,是我国政治架构和政治生活的中心,因此,全面推进依法治国的关键在中国共产党。

纵观中国共产党百年来的奋斗历程,始终都是为了让人民过上好日子,为人民谋利益,可以说,"以人民为中心"一直是中国共产党的根本立场,也是中国特色社会主义法治建设的力量源泉和价值所在。新中国成立以来,我国法治建设始终坚持以人民为中心,发挥人民群众的积极性和主动性,确保人民当家作主,使之逐渐演化为法治发展与变革的内生动力。首先,法治的根基在人民。我国一切权力属于人民,法治建设保证人民当家作主,坚持和完善人民代表大会制度,引导人民广泛有序地参与社会主义法治建设,使国家法律更为充分地体现人民意志。其次,法治保障人民权益。公民的基本权利和义务是宪法的核心内容,《民法典》也是维

护人民权益、推动人权事业发展的重要法典,加大关系人民群众切身利益的重点领域执法、司法力度,努力从立法、执法、司法等领域维护人民群众的根本利益。再次,法治建设依靠人民群众推进。我国从1986年启动"一五"普法,近40年持续不断地普法教育,润物无声地引导人民群众尊法、学法、守法、用法,发挥人民主体力量来推动法治建设进程。最后,法治的实施坚持人民监督。人民的眼睛是雪亮的,人民是无处不在的监督力量,也是法治实施的监督主体。我国出台了《行政复议法》《行政诉讼法》等法律,不断拓宽人民监督权力的渠道,强化人民群众对公权力的制约与监督。可以说,新中国成立以来,我国法治建设始终做到以人民为中心,积极回应人民群众对于法治建设的期待和要求,维护社会稳定和谐,用法治保障人民群众安居乐业。

从根本上讲,党的领导、人民当家作主和依法治国是内在一致的,共同统一于建设社会主义法治中国的伟大实践之中。新中国成立尤其是改革开放以来,我国创造了经济快速发展和社会长期稳定"两大奇迹",这其实与长期坚持依法治国战略,以法治保障现代化建设紧密相关。社会主义现代化事业向前推进一步,社会主义法治建设也随之前进一步。历史与实践充分证明,在中国共产党领导的革命、建设和改革的历程中,法治发挥了重要作用,是推进社会主义现代化建设、完善中国特色社会主义制度的重要保障。党的二十大指出,新时代新征程中国共产党的中心任务是以中国式现代化全面推进中华民族伟大复兴①,党的二十届三中全会又强调法治是中国式现代化的重要保障②,这是对法治与中国式现代化关联性的科学认识,也是对中国式现代化应对风险挑战的积极回应。中国共产党在带领中国人民进行中国式现代化的探索与实践过程中,始终把法治作为最基本、最有效、最可靠的方式,把法治摆在治国理政战略布局的重要位置,发挥法治在推进中国式现代化进程中的坚实保障作用。

---

① 习近平:《高举中国特色社会主义伟大旗帜 为全面建设社会主义现代化国家而团结奋斗——在中国共产党第二十次全国代表大会上的报告》,人民出版社2022年版,第21页。
② 《中共中央关于进一步全面深化改革 推进中国式现代化的决定》,人民出版社2024年版,第29页。

在这个有机体中,中国共产党作为执政党,是国家政治生活和社会生活的核心领导力量,可以领导国家制定体现人民共同意志和根本利益的法律、制度和党的政策,将党的主张以法定的程序和机制上升为代表人民共同意志的国家意志层面,从而确保人民行使国家权力,实现当家作主的基本权利。人民代表大会制度是实现"三者有机统一"的根本制度载体,促成"三者有机统一",就是要在宪法统领下积极探索将三者统一于人民代表大会制度。

三、党领导立法、保证执法、支持司法、带头守法全面落实

在我国,中国共产党是政治架构和政治生活的中心,全面推进依法治国关键在党,中国共产党必须要将依宪执政、依法执政作为党的领导的基本方式。中国共产党领导全国人民制定宪法和法律,也领导全国人民执行宪法和法律,那么,作为领导团体,中国共产党本身也必须在宪法和法律范围内活动,同时在法治实施各个环节做好表率与支持工作,"领导立法、保证执法、支持司法和带头守法"的表述把中国共产党领导国家现代化建设事业同全面依法治国紧密地联系起来,并把它提到了前所未有的战略高度。在治国方略上,从依靠行政手段的国家管理向依靠宪法和法律的国家治理的革命性转变,表明中国共产党在思想、政治和治国方略上实现了从革命党向执政党的转变,以法治的方式夯实执政的基础,以法治的治国方略巩固执政地位,从而提升执政党的执政威信和执政权威。

全面推进依法治国,加强党对立法工作的领导是前提,在重大问题的立法决策程序上,尤其是涉及宪法和基本法律的修改等重大政策调整时,必须完善党的参与程序,必要时由全国人大或其常委会的党组织报党中央讨论决定。全面推进依法治国,加强党对执法工作的保证是关键。建立法治国家首先必须建成法治政府、有限政府,所以中央及地方政府必须依法行政,确保各项工作以法治的方式在法治的轨道上运行,在党的领导下积极推进法治政府建设,建立权责明确、权威高效的行政运行体制。全面推进依法治国,加强党支持司法机关依法独立行使职权的制度建设是

中国式法治现代化的理论与实践

保障,以责任追究的方式来避免外部领导干部的干预和内部司法人员的"过问",确保司法机关能够独立行使职权,不因外部的施压而导致司法不公的产生。全面推进依法治国,必须要有相对良好的外部环境,人民群众的守法、尊法、信法、用法的法治意识是构成良好法治环境的重要组成部分,所以中国共产党的各级组织与党员干部必须要带头依照宪法和法律办事,带头维护宪法和法律的权威,带头尊法、守法、信法、用法,从而营造良好的法治环境。

四、科学立法、严格执法、公正司法、全民守法协调发展

邓小平在1978年召开的党的十一届三中全会上,提出了"有法可依,有法必依,执法必严,违法必究"的关于法制建设的"十六字方针",这是对新中国成立以来法制建设的经验和教训的基本总结。2012年,党的十八大概括出了"科学立法、严格执法、公正司法、全民守法"的"新十六字方针",这是中国共产党总结改革开放30多年来社会主义法治建设的经验,对邓小平提出的"十六字方针"作出的丰富与发展。2012年12月,习近平在首都各界纪念现行宪法公布施行30周年的大会上再次指出,法治建设的"新十六字方针"是中国特色社会主义法治观的重要内容,是全面落实依法治国基本方略的根本要求,这也标志着中国特色社会主义从"形式法治"向"实质法治"发展的新阶段。

(一)科学立法

全面依法治国的前提就是科学立法。在中国特色社会主义法律体系已经形成的条件下,面对转型期深刻的社会变革,不断完善中国特色社会主义的法律体系就成为不可回避的重大问题。北宋王安石在《周公》中有这样一句话:"立善法于天下,则天下治;立善法于一国,则一国治。"①习

---

① 《习近平谈治国理政》第2卷,外文出版社2017年版,第119页。习近平总书记2014年10月23日在中共十八届四中全会第二次全体会议上作重要讲话时引用,出自北宋王安石的《周公》。

近平总书记在十八届四中全会的重要讲话中也引用了这句话。可以说，立法是法治建设的基础性工作，立法是否科学、合理，是否符合改革开放和社会主义现代化建设的要求，这是全面依法治国的首要环节。改革开放初期，我们提出要"有法可依"，主要是为了扭转因"文革"破坏法制导致的无法可依的混乱局面。经过约40年立法工作的努力，我国已经于2010年底基本形成了中国特色社会主义法律体系，解决了法治建设中无法可依的问题，那么这时候，立法工作的主要任务就发生了转变，由过去只重视数量、"宜粗不宜细"更多转向关注立法质量，所以党中央适时地提出了"科学立法"的主张，从立法质量上下功夫，立"良善之法"，为社会主义法治建设提供强有力的法律制度保障。立法过程中，特别受关注的是"改革与立法"的关系问题。关于改革与立法的关系问题，我们要放在改革与法治关系的大框架和时代背景中来把握和理解。当下，我国改革进入了攻坚期和深水区，改革和法治的关系亟须纠正一些认识上的误区。一种观点认为，改革就是要冲破法律的禁区，现在法律的条条框框妨碍了改革，改革要上路、法律要让路；另一种观点认为，法律要保持稳定性、权威性和适当的滞后性，法律很难引领改革。其实这两种观点都是不全面的，法治以维护既有秩序为己任，具有较强的稳定性和保守性；而改革作为一种创新发展手段，往往以突破现有法律和制度为先导，具有较强的变动性、挑战性，因此，改革的"破"与法治的"守"之间必然存在某种张力，甚至还可能存在矛盾与冲突。党的二十届三中全会明确提出要先"立"后"破"，正如习近平总书记指出："坚持全面依法治国，在法治轨道上深化改革、推进中国式现代化，做到改革和法治相统一，重大改革于法有据、及时把改革成果上升为法律制度。"[①]需要修改法律的，应当先修改法律，修完再改革；可以通过解释法律来解决问题的，应当先释后改；需要废止法律的，要先废后改，以保证各项改革依法有序进行。

有"良法"才能实现"善治"，习近平总书记要求各有关方面都要从党和国家工作大局出发看待立法工作，不能拘泥于部门或行业的小利益，否

---

① 《中共中央关于进一步全面深化改革　推进中国式现代化的决定》，人民出版社2024年版，第6页。

则就无法制定出适应实践需要的科学的法律,甚至可能造成相互推诿或者"依法打架"的情况,所以立"良法"是推进全面依法治国的基础性工作。

针对立法工作中存在的法律法规的针对性和可操作性不强,而且无法全面反映人民的意志和法治的客观规律等情况,提出要遵循立法工作的客观规律,围绕提高立法质量和立法的针对性,从中国的国情出发,健全立法体制机制,不断增强立法科学化水平,立"良善之法",促进经济发展和社会进步。

要提高立法质量,一是必须坚持问题导向,提高法律的针对性、及时性、系统性和协调性;二是要尊重客观规律,使法律能够更好地协调利益关系,回应人民的期待;三是要注重法律的可执行性和可操作性,努力使每一项立法都符合宪法精神、反映人民意愿、得到人民拥护;四是要完善立法体制和程序,提高立法效率,坚持立改废释并举,全方位推进立法工作。

(二)严格执法

法律的生命力在于实施,法律的权威也在于实施,全面依法治国的关键环节是严格执法。立法活动是指将现实客观存在的社会关系的法权要求上升为体现国家意志的法律,是全面依法治国的前提。执法活动是指将纸面上的法律转化为现实中的社会关系,体现为社会成员享受权利和承担义务的事实关系,内化在社会成员的实际行动和社会交往之中。如果"纸面上的法律"无法得到很好的执行,无法转化为"现实中的法律",那么,法律就将变成一纸空文。

严格执法是全面推进依法治国的基本要求,是依法行政、建设法治政府的必要措施。严格,是执法的基本要求。现实生活中出现的很多问题,往往同执法失之于宽、失之于松有很大关系。虽然涉及人民群众的问题,我们要把握社会心态和群众情绪,考虑执法对象的切身感受,规范执法言行,推行人性化执法、阳光执法,但是,无论怎么做,对违法行为一定要严格尺度、依法处理。现在有一种现象,就是在环境保护、食品安全、劳动保障等领域,行政执法和刑事司法存在某些脱节,一些涉嫌犯罪的案件往往止步于行政执法环节,法律威慑力不够,使健康的经济秩序难以真正建立起来。这里面反映的就是执法不严的问题。

"天下之事,不难于立法,而难于法之必行。"①严格执法是全面推进依法治国各项事业的工作重点,执法是政府与老百姓直接面对面的互动活动,是规范政府行为的前哨阵地。只有政府严格执法,依法行政中"依法"才能得到体现,法治政府中的"政府"才能赢得人民群众信任,才能树立政府公正文明的"法治"形象。严格执法必须首先规范行使行政执法权,实行行政执法的责任制和过错责任追究制;严格行政责任,避免执法中出现的部门保护主义、地方保护主义和执法腐败现象,更为重要的是,领导干部必须要提高法治意识,加强法治学习,以法治的方式和思维去规范发展行为、促进矛盾化解、保障社会和谐。

(三)公正司法

司法作为法治的构成要素,基本制度功能是借助公共权力对各种法律争议作出最终裁判,达到定分止争、保障社会稳定、促进社会公平正义的价值目标。然而在权力结构体系中,司法权力"既不把控钱袋子,也不掌握枪杆子",只有基于法律的理性判断。因此,司法功能与价值的实现,关键取决于建立在司法公正基础之上的司法权威性和公信力,正是在这个意义上司法公正被视为现代社会政治民主、文明的重要标志,也是现代国家经济发展和社会稳定的重要保证。

在一定意义上,公平正义是司法工作的生命线。习近平总书记指出:"司法是维护社会公平正义的最后一道防线。"②因此,保障和推进司法公正是贯彻落实依法治国基本方略的关键之举。司法公正是维护法律权威和法律尊严的最基本的要求,引领着整个社会的公平与正义,司法不公会对社会的公平与正义造成致命性的破坏。

公正司法是全面推进依法治国的重要任务,惩罚与制裁违法犯罪行为,保护和救济受到侵害的权利,让法律得以在全体人民之间得到平等公

---

① 《习近平谈治国理政》第2卷,外文出版社2017年版,第120页。习近平总书记2014年10月23日在中共十八届四中全会第二次全体会议上作重要讲话时引用,出自明代张居正《请稽查章奏随事考成以修实政疏》。

② 《习近平谈治国理政》第2卷,外文出版社2017年版,第131页。

正地适用。然而,现实的司法实践中,一定程度上存在着司法的不公正和司法人员的徇私枉法等问题,"人情案""金钱案"和"关系案"的现象时有发生,这些问题的深层次原因都可归结为司法体制和司法权力运行机制尚不健全这一问题上。为了解决这些影响公正司法和制约司法能力的突出的深层次问题,需要从司法管理体制和司法权力的运行机制层面入手。进一步加强司法监督,规范司法行为,改进司法作风,让人民群众无论从实体上还是从程序上都能真切地感受到司法的公平与正义,回应人民群众对于公正司法的期待。

(四)全民守法

法治的发展需要有良好的外部环境,社会成员的法治觉悟和守法意识是构成良好法治环境的重要因素,如果任何组织和个人都自觉维护宪法和法律的权威,在宪法和法律的范围内活动,那么全面推进依法治国,建设社会主义法治中国就赢得了相对较好的外部法治环境。所以说,全面推进依法治国的基础工程是全民守法。守法不仅要认真履行义务,更要重视行使权利,前提是学法、懂法,因此,深入开展法治宣传教育势在必行。

法律保障人民的权益,人民维护法律的权威,只有得到人民内心对于法律的信仰和真诚的拥护,法律才真正获得权威,所以说法律的权威必须来源于人民的认可与拥护。虽然改革开放以来,我国各级人民政府一直注重普法宣传教育,但现实社会中,我国社会成员的法律意识和依法用权维权的意识都有待提高,部分领导干部依法办事的观念还有待加强,甚至还存在着知法犯法、以权压法乃至徇私枉法的现象,法律权威被漠视,全民自觉守法的格局并未形成。

党的十八届四中全会《中共中央关于全面推进依法治国若干重大问题的决定》(下文简称《决定》)从全面依法治国的系统部署的角度,对法治宣传教育做了行之有效的制度设计,健全纠纷的化解机制和依法维权的机制,推进多层次的社会治理和治安的综合治理,建设相对完备的法律服务体系。领导干部不仅是党的执政骨干和中坚力量,更是法治实践的引领者和示范者。坚持中国特色社会主义法治道路,建设社会主义法治文化,需要领导干部去组织、推动和实施,这就需要他们具备良好的法治素养、成熟的法治思维,需要他们带头尊法、学法、用法。之前,我们通常提的是学法尊法、守法用法。而习近平总书记在2015年2月2日省部级主要领导干部学习贯彻十八届四中全会精神全面推进依法治国专题研讨班开班式上将"尊法"放在了第一位。因为领导干部要增强法治意识、提高法治素养,首先要尊法。习近平总书记强调,"只有内心尊崇法治,才能行为遵守法律。只有铭刻在人们心中的法治,才是真正牢不可破的法治。"①他还指出,领导干部要把对法治的尊崇、对法律的敬畏转化成思维方式和行为方式,做到在法治之下、而不是法治之外、更不是在法治之上想问题、作决策、办事情。只有执政党和各级领导干部带头尊法、学法、守法,引领社会成员强化学法和用法的意识和积极性,营造相对浓厚的法治氛围,才能为社会主义法治中国建设提供良好的外部环境。

五、法治国家、法治政府、法治社会一体建设

全面依法治国基本方略的落实,是一场深刻的法律革命,是从"传统人治型"治理模式向"全面法治型"治理模式的变革,这一变革的目标就是要将法治国家、法治政府和法治社会进行一体建设,从而推动中国法治建设的现代化。在建设社会主义法治中国的战略布局中,法治国家、法治政府和法治社会相辅相成,为了建成法治国家,必须全面推进依法治国;为了建成法治政府,必须全面推进依法行政;在建成法治国家和法治政府的同时,法治社会得以同步建成。

成熟的法治国家基本包括法律之治、程序之治、人民主体、有限政府和良法善治五个要素,法治成为党领导人民治国理政的基本方式,法律调整基本的政治关系、经济关系和社会关系,政治民主、市场经济和社会管理均实行法治化,法治为了保护人民的利益,必须限制政府的职能和权

---

① 习近平:《论坚持全面依法治国》,中央文献出版社2020年版,第135页。

力。在当代中国,建设社会主义法治国家,意味着必须将立法、执法、司法等所有的国家权力都纳入法律的轨道,由国家法律针对不同国家机关进行权力授权,并为不同的法律实践环节设置严格的法律程序,让社会成员在有序化的法律体系中获得最大限度的权利与自由。

中国共产党带领中国人民建设法治国家,首先必须依法执政,依照宪法和法律执掌国家政权,实现执政目标。法治国家的有机组成部分就是法治政府,也就是严格遵守宪法和法律的授权,按照法定的程序行使权力和履行职责的政府,它的权利和职责就是严格执法、违法担责。因为行政权力具有较强的扩张性,所以制约和控制行政权力,防止行政权力的异化和滥用成为法治国家建设的重心。所以,各级政府必须增强依法行政的法律意识,遵守宪法和法律的规定,按照合理行政、程序正当、权责统一、诚信便民等要求,在法治的轨道上开展工作,创新执法体制,严格执法责任,规范执法行为,努力做到"有权必有责","法无授权不可为,法定职责必须为"的行政理念,切实做到不缺位、不越位和不错位。

一个信仰法治、依法治理的社会是法治社会,法治社会是法治国家和法治政府的基础,是社会主义法治中国的重要建设内容,要求加快形成依法自治的现代社会组织体制,把社会公共管理活动纳入一个规范有序的法治框架,形成政府治理和社会自治良性互动机制。在中国,要建设社会生活健康运行的法治社会,必须要让整个社会有机体建立在较为坚实的法治基础之上,弘扬现代法治精神,培养社会成员的法律信仰,党员干部要带头尊法守法,从而在全社会范围内形成维护法律尊严与权威的良好氛围。在建设社会主义法治中国的伟大实践中,坚持法治国家、法治政府和法治社会的一体建设,突出地反映了中国法治的内在机理和中国法治现代化的建设方向。

党的十八大以来,习近平总书记以高瞻远瞩的战略眼光和宏阔视野,从关系党的前途命运和国家长治久安的战略全局高度重视法治、认识法治、定位法治、布局法治、推进法治、厉行法治,创造性地提出了新时代全面依法治国的工作布局,明确要求坚持依法治国、依法执政、依法行政共同推进,坚持法治国家、法治政府、法治社会一体建设。习近平总书记指出:"准确把握全面推进依法治国工作布局,坚持依法治国、依法执政、依法行政共同推进,坚持法治国家、法治政府、法治社会一体建设。"①党的十九大报告把"法治国家、法治政府、法治社会基本建成"确立为到2035年基本实现社会主义现代化的重要目标,开启了新时代全面依法治国新征程。党的二十大报告把"基本建成法治国家、法治政府、法治社会"确立为到2035年基本实现的总体目标之一。法治国家、法治政府、法治社会是辩证统一的关系,既相互联系、相互支撑,又相互促进、相辅相成,是法治中国建设的三个重要支柱。法治国家是目标,法治政府是主体,法治社会是基础,三者本质一致、目标一体、成效相关,缺少任何一个方面,法治中国建设都难以有效推进。推进中国式现代化建设,达到共同富裕,不仅要实现人民群众物质生活更加殷实,而且要实现"五位一体"全面进步,更好满足人民群众在民主、法治、公平、正义、安全、环境等方面日益增长的要求。只有坚持"三个一体建设",才能使人民群众切实感受到公平正义,有更多获得感、幸福感、安全感。全面深化改革,是一场全面而深刻的社会变革。只有坚持"三个一体建设",坚持以法治思维和法治方式推进改革,才能更好地发挥法治对改革的引领、规范和保障作用,及时确认和巩固改革成果,确保各领域、各方面改革始终在法治轨道上全面推进。只有坚持"三个一体建设",实现联动和集成,才能凝聚起14亿中国人民对法治的坚定信仰,汇聚成建设社会主义法治的磅礴伟力,有力推进中国特色社会主义法治体系建设,谱写新时代新征程全面依法治国的壮丽诗篇。

六、依法治国与以德治国相结合

依法治国和以德治国是两种不同的治国方式,"法律是成文的道德,道德是内心的法律",②法律与道德之间的紧密联系使得依法治国和以德治国两种基本治国理政的方式相辅相成。在中国传统伦理法律中,道德

---

① 《习近平谈治国理政》第2卷,外文出版社2017年版,第119页。
② 《习近平谈治国理政》,外文出版社2014年版,第141页。

几乎成为法律的化身,儒家的伦理法律精神和"德治"思想在不断演化的社会历史中逐渐沉淀为一种传统的历史文化力量,内化在社会成员的行为习惯和法律理念之中,甚至可以认为其已深深融入我国社会的主流价值观念体系之中。历史的道德理念与现代的法治理念碰撞交融,逐渐形成了具有中国特色的社会主义法治理念,有力地影响着当代社会法治的发展方向,发挥着国家治理和社会治理的功能。

在我国,全面推进依法治国,必须将依法治国与以德治国两种治国方略相结合,用道德滋养法治的精神,立良善之法,同时也要以良法体现道德理念,促进精神文明的建设。依法治国与以德治国在价值目标上有机统一,在功能上相互补充,彼此促进,把他律与自律紧密结合起来。法治建设与道德建设紧密结合,社会主义法治是社会主义德治的底线,法律所鼓励的应该也是道德所支持的,反之,法律所禁止的应该也是道德所反对的。同时,法治不应当也无力调整和规范人们的思想意志,而德治也无法约束道德沦丧、良心泯灭之徒的行为,所以要将依法治国与以德治国相结合,反对重德治而轻法治的倾向,也反对以法治完全代替德治的做法。我国始终将依法治国和以德治国两种治国方略相结合,用道德滋养法治的精神,把符合人们道德要求、符合公序良俗的道德规范上升为法律规范,同时也以良法体现道德理念,发挥好道德的教化作用,强化道德对于法治文化的支撑,引导全社会崇德向善,促进精神文明的建设。法安天下、德润人心,以法治强制性规范人们的行为,以德治提升人们的道德觉悟,因此法治和德治既相辅相成又相得益彰。

七、坚持依法治国与依规治党相统一

办好中国的事情,关键在中国共产党;全面依法治国,关键也在中国共产党。治国必先治党,治党务必从严,我国始终坚持依法治国与依规治党相统一。自秦以来,我国逐渐形成"民以吏为师"的传统。党员干部担当着全面依法治国的关键示范角色,他们对法治的态度直接决定着社会对法治的态度,他们怎样对待法治影响着社会怎样对待法治,所以党员领导干部这个"关键少数"应该成为尊法、学法、守法、用法的模范。领导干部尤其是党员领导干部,在推进全面依法治国过程中,只有把对法治的尊崇与敬畏转化成法治的思维方式和行为方式,这样才能实现依宪执政、依法执政。正是基于对全面依法治国与全面从严治党关系的深刻认识,我国把党内法规制度体系纳入中国特色社会主义法治体系之中,将党内法规与国家法律相衔接,实行党的纪委与国家监察委合署办公,使纪法衔接、纪法贯通,实现依法治国和依规治党相统一,同步推进国家治理体系与中国共产党治理体系现代化。

第三节　全面依法治国的战略地位

"四个全面"是以习近平同志为核心的党中央治国理政的战略布局,全面依法治国是这一战略布局的关键一环,关系到党和国家的长治久安,也关系到人民群众的幸福安康,是推进国家治理体系和治理能力现代化的重要方面①,是国家治理的新的境界。

一、全面依法治国是全面建设社会主义现代化国家的内在要求

习近平总书记指出,全面建成社会主义现代化强国是实现中华民族伟大复兴的中国梦,依法治国基本方略的全面落实是实现全面建成社会主义现代化强国的重要目标之一。当代中国进入了全面建成社会主义现代化强国的新征程,也是社会转型关键期和社会矛盾凸显期,各种矛盾交

---

① 《关于〈中共中央关于全面推进依法治国若干重大问题的决定〉的说明》,《人民日报》2014年10月29日,第2版。

织叠加,影响到了社会的安定有序。我国是一个有着悠久"人治传统"的国家,运用法治方式化解矛盾的意识还未能深入人心、内化为人们自觉的选择。实际上,法治是现代社会最大的社会公约数,法治方式是有效化解社会纠纷的最佳途径。党的十八届四中全会强调,要健全依法维权和化解纠纷机制。强化法律在维护群众权益、化解社会矛盾中的权威地位,引导和支持人们理性表达诉求、依法维护权益,解决好群众最关心、最直接、最现实的利益问题①。因此,如何运用法治方式化解社会纠纷是全面依法治国的一项重要任务。当前主要要建立健全多元化纠纷解决机制,及时化解矛盾纠纷,而且要畅通诉求表达渠道,针对土地征用、房屋拆迁、食品安全、教育医疗等突出问题,为人民群众提供便捷畅通的诉求表达渠道,维护其合法权益。

现代社会治理经验表明,运用法治维护社会的安定有序是实现国家长治久安的根本之策。当前需要处理好两方面的关系:一是依法维稳,严格依照法律和事实,公正公平地处理进入法定渠道的社会稳定问题,严肃处理无理取闹行为以解决实效让群众信服法律的权威,感受法律的公平与正义。积极推进多层次社会治理,提高社会治理的法治化水平,建立立体化社会治安防控体系,确保人民群众的生命财产安全。二是处理好维稳和维权的关系。对于涉及维权的维稳问题,必须首先处理好群众合理合法的利益诉求,拓展法律援助,畅通法律救济渠道,而不能一味地维稳,漠视群众合理的诉求,主张以平和、理性的法治方式实现公民权利保障和维护社会稳定有序。

二、全面依法治国是全面深化改革的重要保障

改革是社会主义制度的自我完善与发展,是当今中国最为鲜明的特色。随着经济全球化和我国社会主义市场经济的深入发展,我们不可避

---

① 参见《中共中央关于全面推进依法治国若干重大问题的决定》(2014年10月23日),人民出版社2014年版,第29页。

免地处在复杂的国际、国内的发展环境之中,改革也随之进入了深水区和攻坚区,所以,我们需要通过全面深化改革来调整和变革发展理念和发展模式,化解和解决发展中出现的矛盾与问题。改革与法治的关系是国家治理中不可回避的核心问题之一,习近平总书记指出,"改革和法治如鸟之两翼、车之两轮,相辅相成,相伴而生"[①]。法治是对既有秩序的维护,具有比较强的保守性和稳定性,而改革则是一种创新发展的手段,可能会突破现有的制度或法律,具有比较强的挑战性与变动性,法治之"守"与改革之"破"之间某种程度上存在着一定的矛盾与冲突。面对法治与改革的遭遇战,党的二十届三中全会指出要"在法治轨道上深化改革、推进中国式现代化,做到改革和法治相统一,重大改革于法有据、及时把改革成果上升为法律制度"[②],这既是对法治与改革关系规律性的科学认识,也是我国推进改革开放、特别是新时代以来全面深化改革开放的经验总结。我国在推进改革开放和社会主义法治建设过程中,注重发挥法治固根本、稳预期、利长远的保障作用,为改革设定基本的底线与原则,推动国家治理体系的深层次变革。在改革实践成功之后,及时以立法形式固化改革成果,以法治的强制性、统一性扫清改革路上的阻力与障碍,增强改革的实效性,确保我国社会在深刻变革中保持长期稳定有序的可喜局面。

党的十八届三中全会对全面深化改革作出了重大部署,党的二十届三中全会对进一步全面深化改革、推进中国式现代化作出了重大部署,在整个改革过程中,强调要重视法治思维和法治方式,明确了进一步全面深化改革的法治路径。一方面,全面依法治国为全面深化改革统一思想、凝聚共识。当代中国的改革任务艰巨且蕴含着相当的风险,必然会触及一部分既得利益者,从而在改革中遭遇巨大阻力,甚至造成社会的激烈冲突。所以,在改革过程中,要尽量使各方面利益达到平衡,形成对改革的共识,法治是形成社会共识的制度和价值载体。运用法治的方式全面深

---

① 《习近平新时代中国特色社会主义思想学习纲要(2023年版)》,学习出版社、人民出版社2023年版,第94页。
② 《中共中央关于进一步全面深化改革　推进中国式现代化的决定》,人民出版社2024年版,第6页。

化改革,可以通过法律博弈来凝聚社会的改革共识,引导社会主体用理性的方式表达诉求,从而形成有效的社会沟通,保障改革平稳推进和巩固改革的成果。另一方面,全面依法治国为全面深化改革提供方向指引和有力保障。具体而言,一是要做到重大改革于法有据。习近平总书记指出:"法治领域改革有一个特点,就是很多问题都涉及法律规定。改革要于法有据,但也不能因为现行法律规定就不敢越雷池一步,那是无法推进改革的。"① 二是要坚持改革决策和立法决策相统一、相衔接。习近平总书记指出:"在研究改革方案和改革措施时,要同步考虑改革涉及的立法问题,及时提出立法需求和立法建议。"② 三是立法要主动适应改革的需要,要积极发挥通过法治引导、推动、规范、保障改革的作用,做到重大改革于法有据,改革和法治同步推进,以增强改革的穿透力。在此过程中,对实践证明已经比较成熟的改革经验和行之有效的改革举措,要尽快上升为法律;对部门间争议较大的重要立法事项,则要加快推动和协调,不能久拖不决;对实践条件还不成熟,需要先行先试的,要按照法定程序作出授权,既不允许随意突破法律红线,也不允许以现行法律没有依据为由迟滞改革;对不适应改革要求的现行法律法规,要及时修改或废止,不能让一些过时的法律条款成为改革的"绊马索"。四是要高度重视运用法治思维和法治方式推进改革,"需要制定、修改、废止法律的,主责地位要主动同立法机构衔接,立法机构要及时启动程序。需要达到法律授权的重要改革措施,要在履行法律程序后再实施,有序进行,不能违法办事"③。"用老的办法应对新情况新问题,或者用零敲碎打的方式来修修补补,是解决不了大问题的。我们既要着眼长远、打好基础、建好制度,又要立足当前、突出重点、扎实工作,不断推进全面依法治国向纵深发展。"④ 从实践来看,改革和法治是辩证统一的关系,体现的往往是"破"和"立"的辩证统一,党的二十届三中全会提出要先"立"后"破",历史实践也充分证明,坚持改革

---

① 习近平:《论坚持全面依法治国》,中央文献出版社2020年版,第37页。
② 习近平:《论坚持全面依法治国》,中央文献出版社2020年版,第37页。
③ 习近平:《论坚持全面依法治国》,中央文献出版社2020年版,第40页。
④ 中共中央文献研究室编:《习近平法治思想学习纲要》,人民出版社、学习出版社2021年版,第66—67页。

和法治同步推进,全面深化改革为全面依法治国提供了不竭动力,全面依法治国是全面深化改革的重要保障。

三、全面依法治国是中国共产党治国理政的基本方式

依法执政,是任何现代政党必须遵循的规律,但是把依法执政和坚持党的领导有机统一起来,则是中国共产党执政必须遵循的特殊规律。办好中国的事情,关键在于中国共产党。在全面推进依法治国的伟大进程中,坚持党的领导是根本要求,中国共产党要在履行好执政兴国的历史使命中,始终发挥全局性和根本性的领导作用,始终坚持依宪依法治国理政,领导立法、保证执法、支持司法和带头守法,并同时依据党内法规管党治党,积极推进依法治党和从严治党。这就意味着,全面依法治国具化到执政党层面上,就是要求中国共产党依法执政和全面从严治党。

坚持中国共产党的领导,必须依靠社会主义法治。中国共产党不是国家政权机关,也不代替国家政权机关履行职责,而是通过宪法、法律的实施来实现自己的领导。全面依法治国,要求中国共产党善于依法将党的路线和主张上升为体现人民意志的法律,依靠法律来实现党的执政理念。全面依法治国,要求中国共产党完善向国家机关推荐重要干部的范围、方式和程序,将党的组织领导进一步法律化和制度化。全面依法治国,也要实现中国共产党执政活动的法律化与制度化,做到执政活动有法可依、有法必依,严格在宪法和法律范围内活动,不得以权压法、以言代法,凌驾于宪法和法律之上。

全面依法治国,要求各级领导干部要带头遵守法律,因为领导干部是党和政府政策的贯彻执行者,代表党和政府的形象,对一般干部和群众具有巨大的示范效应。如果领导干部没有法律意识,恶劣的反面效应也是极具破坏性的;如果领导干部带头守法,自觉接受人民群众监督,那这样的正向示范效应对全面推进依法治国是非常有益的。所以,从这个意义上讲,领导干部一定要加强法律知识的学习,树立法律意识,对法律怀有

敬畏之心,自觉维护法律的权威。

治国必先治党,治党务必从严。全面依法治国,具化到执政党层面,就是要求中国共产党依法执政,依法授权与监督,切实做到依法治权、全面从严治党,防止权力监督的缺失导致的权力滥用,进而带动全社会尊法、守法,维护法律的权威。

四、全面依法治国是中国特色法治文明发展的实践前提

法治,作为规则治理的基本方式,是人类社会发展的重要成果,也是人类文明的基本依据。作为社会治理的重要模式,法治必然与公平、正义、自由、秩序等价值观念相结合,这些价值观念共同构成了法治文明的基本内涵与评价标准。因为能满足政治民主与社会进步的同步需求,所以随着近代以来的现代化进程,法治成为理性人类的最优选择。

在当代中国,全面推进依法治国,加快建设社会主义法治中国,是当代中国法治现代化的战略选择和奋斗目标,这也标志着我国已进入法治文明化的常态性、快速化发展的轨道。中国特色社会主义法治发展遵循的是中国特色社会主义道路,立足于中国的国情与现实,走自己的路,凝聚中国特色与品格,所以这也就意味着中国特色社会主义法治文明的发展,在充分借鉴西方国家法治文明的成熟的理念与制度的情况下,深入挖掘本土优秀的法治资源,创造性地继承和发展了中国的法律传统与法制文明,推动了中国特色社会主义法治文明的全面进步。

在全球化时代,任何国家的法治文明建设与发展都要立足于本国的制度文明、行为文明和观念文明,同时也要面向全球化的法治目标。中国特色社会主义法治文明所孕育出来的法律制度和法治文化,不可避免地会形成具有浓郁的中国精神的价值体系和制度逻辑,成为中国不可忽视的软实力。比如,我国古代的"中庸""以和为贵"的传统影响了被誉为"东方经验"的人民调解制度和法院调解制度的建立,"民贵君轻"的观念在现代法治实践中有利于增强国家机构执法为民、司法为民的自觉性。这些

根植于传统法律文明的创造性变革与转换基础上的中华法治文明价值体系本身又具有普遍的世界性意义,不仅可以为当下西方社会治理提供重要的思想资源,而且能够在与西方对话的同时丰富西方社会的法治理论。

党的十八届四中全会指出,全面依法治国关乎着中华民族伟大复兴中国梦的实现,很显然,中国特色社会主义法治文明集中体现了中国特色社会主义的核心价值追求,是推进中华民族文明发展和国家兴旺强盛的压舱石。在社会主义市场经济发展和社会主义民主政治建设的有力推动下,法治国家与社会建设日益获得坚实的基础,公民的自由平等意识、个体权利意识不断增长,权利诉求的公开表达渠道也在进一步通畅。因此,必须通过法制宣传与教育活动将法治观念植入人们脑海之中,让人们追求自我权利的欲念不致与他人的权利和公共规则相冲突,这样,整个社会就呈现出规范与秩序的合理状态,极大地推动中华文明的蓬勃发展。

第四节 司法现代化在全面依法治国战略中的重要地位

近年来,司法体制改革及司法现代化引起了中国共产党和国家的高度重视及社会各界的广泛关注,不仅在于我国现行司法体制本身存在缺陷需要加以改革和完善,而且还在于日益复杂多变的外部环境促使我国司法体制作出相应的调整。司法体制改革也是实现全面依法治国战略的具体策略,同全面建设社会主义现代化国家的法治目标存在着直接的相关性,具有特别重要的战略意义。

一、司法现代化是消解司法内外困境的基本出路

马克思主义认为,包括法律和司法在内的上层建筑由经济基础决定。

我国自1978年党的十一届三中全会确立了改革开放的基本国策以来,尤其是21世纪以来,随着市场经济的快速发展和经济体制的深刻变革,我国的综合经济实力明显增强,社会利益日趋多元化,各种纠纷也呈现爆发性增长。随着经济的快速发展,政治体制改革也加快了步伐,政治体制改革的不断推进亟待改革现行的司法体制。一方面,司法体制改革本身就是政治体制改革的重要内容,例如,在近年来不断推行机构改革的情况下,法院和检察院内部的机构设置也发生了较大变化;另一方面,司法体制改革是政治体制改革的重要突破口,司法系统的相对封闭性和改革内容的相对稳定性使司法体制改革具有较强的可操作性[1]。

司法公正与司法效率是司法的两个基本价值取向,但从我国司法实践情况看,我国某种程度上还存在着司法不公和司法效率低下的局面,虽然这些局面是多种因素综合产生的结果,但是司法体制自身存在的问题也不容忽视。我国现行司法体制基本上维持了1954年仿照苏联模式建立起来的适应计划经济需要的结构框架,其最大特点就是司法机关地方化、司法人员大众化以及司法运作行政化[2]。客观地说,在新中国成立初期,法律尚不完备、案件数量不多、司法人员经验不足、法律素质不高以及社会民众法律意识不强、权利观念较弱的情况下,尤其是改革开放以前,将司法机关视为专政机关的情况下,这种司法体制甚至具有较大的优越性。然而,随着改革开放的逐渐深入和经济快速发展,司法环境发生了较大变化,司法工作出现了许多新情况,司法地方化、大众化与行政化暴露出越来越多的问题,迫切需要进行修改和完善。

尽管内部因素是推动司法体制改革的主要动力,但在改革开放政策不断推进和进一步深化的情况下,我国司法体制改革是顺应日渐加剧的经济全球化时代的需要。2001年我国正式加入世界贸易组织,经济全球化的潮流对我国经济发展的影响逐渐加剧,在司法体制改革方面必然要求我们树立全球化意识,按照全球化要求,贯彻先进的司法意识和理念。世界贸易组织作为一个独立于联合国的永久性国际组织,在世界各国的

---

[1] 参见董皞:《司法改革对政治体制改革进程的破与立》,《法治论丛》2009年第3期。
[2] 参见谭世贵主编:《中国司法改革理论与制度创新》,法律出版社2003年版,第41页。

经济交流与合作中具有举足轻重的作用。世界贸易组织协议及其规则既是经济规则,又是法律规则,世界贸易组织成员方必须保证其法律法规和行政程序与世界贸易组织有关协定规定的义务相一致,并以统一、合理、公正、透明的方式予以实施。世界贸易组织协议和规则中有大量与司法体制密切相关的内容,我国势必推动与世界贸易组织协议与规则相关的司法体制改革,例如,司法独立与司法公正是世界贸易组织规则的一项重要内容,我国在确保司法独立与司法公正方面已取得明显进步,但与我国加入世界贸易组织后的实际法治需要还存在着一定的差距,这就决定了我国需要加大司法体制改革的力度。

自国家诞生以来,国家权力与公民权利就是一个核心问题。按照社会契约论思想,公民先于国家享有与生俱来的不可剥夺的权利和自由,但为了使这些权利避免来自他人的侵犯,公民让渡一部分权利给国家,由国家强制力保障公民权利不受随意侵犯。所以,国家在行使权力过程中不可能完全按照公民的意愿,维护公民的权利与自由,而且因为国家权力的扩张天性,如果超越了保护个人权利所需要的必要限度,则转而会对个人权利造成侵害。第二次世界大战后,国际社会对法西斯国家任意践踏人权的深刻反思,在联合国推动下掀起了人权保障运动,并签署了一系列世界性人权公约。新中国成立以来,中国已经陆续加入了十余项国际人权公约,也一直非常重视人权建设,2004年第十届全国人大第二次会议通过宪法修正案,正式把"国家尊重和保障人权"写入宪法。但我们仍需看到,我国司法体制与联合国司法准则相比,仍有许多值得改进的地方,所以需要进一步全面深化改革,推进人权保障更深、更实。

二、司法现代化是全面落实依法治国的基础工程

司法是法治的关键性环节。衡量一个国家是不是法治国家,不是看其法律制定得多少,也不是看其执法是否严明,关键在于司法。我国封建社会就有比较完备的法律和强大的执法机构,但不是法治社会。

现在西方英美普通法系国家,不太注重成文法的制定,但都被称为法治国家。法治国家与非法治国家的根本区别在于有没有独立、权威的司法。

司法权从整个国家权力中分离出来,具有与行政权同等的地位,能够依法独立行使审判权,是法治的首要标志。司法权没有独立,立法、执法、司法不加区分地集中在一起,则国家肯定不是法治国家。虽然设置了专门的司法机关,但没有与其他国家权力平等的地位,也不是实际上的法治国家。司法有足够的能力和权威充分有效地发挥权利救济、公权制约、纠纷终结的三大功能,是法治的根本要求,欠缺任何一项功能,也不是真正的法治国家。

司法在解决纠纷争议方面具有终局性的权威,这也是法治的重要标志。法治国家必须确立法律至上的原则,在所有的规范中,法律要有最大的权威。但法律本身不会自然地产生权威,法律的权威要由司法活动转化而生。如果司法没有权威,法律就不可能有权威,所以一个国家如果没有权威的司法,也就不可能是法治国家。总之,司法的状况对法治具有决定性的意义,是检测法治程度、水平的基本标志。

党的十八大以来,党中央从党和国家发展的战略高度,提出法治是治国理政的基本方式,司法体制改革是全面推进依法治国的重要内容,司法公信力不断提高,使人权得到切实尊重和保障,与全面落实依法治国方略、基本建成法治政府一道成为全面建成社会主义现代化强国有关法治方面的标志。全面推进依法治国的"全面",包括了科学立法、严格执法、公正司法和全民守法,把公正司法从执法中分离出来,单独作为全面依法治国的基本要务,这在党的中央全会文献中是首次,充分体现出党对司法的性质与重要性有了新的深刻认识。党的十八届三中全会把"深化司法体制改革"作为全面深化改革的重要方面,部署了"确保依法独立公正行使审判权检察权""健全司法权力运行机制""完善人权司法保障制度"等重大改革任务。党的十八届四中全会进一步把"保证公正司法、提高司法公信力"作为全面推进依法治国、实现国家治理现代化战略任务之一,提出了60多项司法改革具体任务,这是深化司法体制改革的根本依据,为解决制约司法能力和影响司法公正的体制和机制性障碍,提供了正确方向、精神动力和智力支持。

"依法治国方略全面落实"是全面建设社会主义现代化国家法治目标的重要方面,概括来讲就是社会在法律权威有效约束下所形成的秩序状态,因此,实现全面建设社会主义现代化国家法治目标的关键在于塑造法律权威。相较于对法律规定或法律文书等的接触,老百姓平时与司法机关打交道比较多,对法律的认知基本局限在对司法机关的认知层面上,所以说司法机关是群众看党风、政风的一面镜子,因此就整个社会普遍认知而言,法律的权威就是司法的权威,没有司法权威不可能有法律的权威。如果无法让人民群众在司法案件中感受到公平正义,那么人民群众就不会相信政法机关,进而也不会相信党和政府。在我国,司法权威缺失的深层次原因在于司法体制和司法权力运行机制的不完善,所以在全面建成社会主义现代化强国过程中,我们必须要构建开放、动态、透明、便民的司法体制与司法机制,推动司法现代化建设。

当代中国依法治国方略进一步落实,法治国家、法治社会的建设取得了一定的进展,但有法不依、执法不严、违法不究的问题一定程度上还存在着。在部分地区和领域侵犯人民群众合法权益的案件偶有发生,执法不公、行政不作为和乱作为以及一些领域以权谋私、失职渎职等职务犯罪行为仍有发生。这些现象损害了法律的尊严与权威,削弱了人民群众对法律的信任,也对人们法治意识和法治理念的养成产生了很大的负面影响。

全面依法治国是国家治理体系和治理能力现代化的重要一环,是国家治理领域中一场深刻而广泛的革命。全面依法治国,必须在制度建设上着力于权力运行的监督与制约,推进依法依规管权治权,把"权力关进制度的笼子里",建立权力的正面清单与负面清单,促进国家各项事务进入法治化轨道。健全法律实施监督与制约机制,确保法律有效实施,加大力度对法律实施予以有效监督,对不执行法律的予以严惩。统一法律适用,严格执法、公正司法,维护人民群众的切身利益,让人民群众在每一个案件中都能感到公平正义。

三、司法现代化是中国式现代化的法治保障

在我国,社会主义法律体系已经形成,法治建设的关键在于法律的实施。法律必须在实践中得到实施,将"纸面上的法"转化为"现实中的法"才能发挥其效能,否则再好的法律也只能形同虚设。从现实情况看,尽管政府的执法、检察机关的法律监督都需要大力加强,但作为法治标志的司法是一个最为薄弱的环节,这是不可否认的事实。比较突出的表现有四:一是司法权威略显不足。在成熟的法治社会,司法在纠纷争议的解决方面应当有最高的权威,尊重服从司法裁判必须成为全社会的共识。我国现在的司法显然缺乏这种权威,执行难等现象的长期存在,从根本上说,都是司法权威不足的反映。二是功能不全。司法的权力救济、公权制约、纠纷终结的三大功能,没能得到充分有效的发挥,如有些法律设定的权利不具可诉性,有些权利受到侵害不能向法院起诉;许多公共权力的行使没有司法审查的程序设计;经过司法终结的案件,还可以经过信访等途径处理等。三是地位相对偏低,在我国现在的国家权力配置中,司法权与其他国家权力相比,实际地位相对偏低,这种设计安排也是司法权威不足的根源。四是保障不力。在人事任免、机构编制、经费装备、职级待遇、人身和职业安全等方面缺少制度上的有力保障,法院、法官依法独立公正行使审判权时难免会瞻前顾后。这些问题,应当是全面依法治国背景下司法体制改革的重点。只有真正解决了这些问题,建立公正、高效、权威的司法制度,我们建设法治中国的目标才能实现。

党的十八届三中、四中全会对司法体制改革都予以了浓墨重彩的论述,可见司法体制改革在全面深化改革过程中具有非常重要的地位,是全面推进依法治国,加快建设社会主义法治国家的关键举措。现代法治国家建设虽然有多种标准和目标,但有三项标准和目标是绝大多数人的共识:一是公民在法律面前人人平等,享有平等的权利、平等的机会和规则,这些都体现了法治公平正义的要求;二是保障人权,法律保障公民的

自由、平等和尊严,使其不受非法限制与剥夺;三是制约公权力,避免公权力遭到滥用。为达到社会公平正义,法治国家的这三大目标和标准,无论是保障私权利还是制约公权力,都必须有独立公正运作的司法。否则,权力滥用无法得到有效控制,当然私权利也无法得到有效保障。党的十八届三中、四中全会对现行司法管辖制度予以改革,对司法机关人、财、物的资源保障体制予以改革,这些改革举措旨在去除司法机关的地方化、行政化,从而推动国家法律的正确、统一实施,保障国家司法权统一适用法律和公正独立地运行。

第二章

马克思主义关于法治与司法的相关思想

第一节 马克思、恩格斯关于法治与司法的相关思想

马克思、恩格斯的法治与司法思想经历了从唯心主义法治观到历史唯物主义法治观、从革命民主主义到共产主义的转变过程,散见于其大量的著述之中,同他们的哲学、政治学、经济学、社会学等方面的思想交织在一起。如:《评普鲁士最近的书报检查令》《关于林木盗窃法的辩论》《资本论》、马克思、恩格斯合写的《神圣家族》和《德意志意识形态》等著作中就大量隐含了马克思、恩格斯的法治思想。尤其是《德意志意识形态》以唯物史观为指导,以社会经济关系为基础,认为生产力与生产关系之间的矛盾是社会的基本矛盾,从而揭示了法的产生、发展与消亡的规律性。马克思主义法学理论明确指出了法律的阶级性,是统治阶级意志和利益的集中体现,历史唯物主义的法学是为工人阶级的伟大斗争服务的。所以说,马克思主义法学理论是科学性与阶级性高度统一的。

一、法律的本质是统治者的意志

在一定的法学体系中,本体观占据核心地位。什么是法的现象的本体属性?这的确是一个古老而常新的课题,马克思始终将法的本体属性作为法学理论研究的基本出发点。

法的本质是什么？在马克思、恩格斯看来,法与法律是人们在物质生产活动中所形成的不以个人意志为转移的社会关系的表现形式,是一定的社会物质生活条件的反映。法律集中体现的是以国家意志表现出来的统治阶级的利益要求,是一种实在的法律规范和秩序体系,法律以国家权力为后盾,往往具有普遍性、规范性和国家强制性的特征。法与国家权力并无直接联系,法反映的是社会主体在经济关系运行过程中产生的利益诉求,这种利益诉求经社会生活反复实践,逐渐定型化为社会成员应有的权利体系。法与法律虽然都是一定社会物质生活条件的反映,但它们与社会经济条件的联系程度是不同的,法直接反映了社会经济条件,法律则要通过掌握国家政权的统治阶级这一中介,间接地反映一定的社会物质生活条件。这些是历史唯物主义法学的基本观点。

马克思、恩格斯进一步指出,法律是掌握国家政权的统治阶级的共同意志的体现,统治阶级生存所基于的社会物质生活条件,正是法律赖以产生的基础,这也让法律具有了整体性的特征,这也就意味着当统治阶级内部出现私人利益与共同利益发生冲突的时候,必须舍弃私人利益来维护整体的共同利益。法律便是将统治阶级共同利益上升为国家意志,同时赋予国家强制力来保障实施。

马克思在《德意志意识形态》中,对1848—1852年欧洲革命失败的历史经验和教训进行总结时,得出了经济基础决定上层建筑的历史唯物主义基本理论,社会经济的发展状况决定了包括意识形态和法律发展在内的上层建筑的发展。马克思是这样做分析的：首先,法律的发展属于政治上层建筑的范畴,特定社会的政治上层建筑是在统治阶级的思想上层建筑的理论指导下建立的,思想的上层建筑和政治的上层建筑都是在既定的社会秩序中,通过人与人之间的社会行为和社会关系发生作用的,所以说,思想的意识形态和法律的政治发展都是通过人们之间的物质生产和生活关系发生作用的。其次,法律是统治阶级的共同意志体现,而"占统治地位的思想不过是占统治地位的物质关系在观念上的表现,不过是以思想的形式表现出来的占统治地位的物质关系；因而,这就是那些使某一个阶级成为统治阶级的关系在观念上的表现,因而这也就是这个阶级的统治的思想"①,所以,法律发展也是在特定的社会生产关系范畴内受到意识形态的影响。最后,马克思指出要想揭示法律的本质和发展规律,必须掌握阶级分析方法,因为阶级社会中的法律发展是阶级斗争的结果,而阶级斗争又根源于社会的经济基础。

马克思曾经指出:"社会的物质生产力发展到一定阶段,便同它们一直在其中运动的现存生产关系或财产关系发生矛盾。于是这些关系便由生产力的发展形式变成生产力的桎梏。那时社会变革时代就到来了。随着经济基础的变更,全部庞大的上层建筑也或慢或快地发生变革。"②由此不难看出,法律作为上层建筑的重要组成部分,与社会生产力紧密关联。一方面,社会生产力发展水平影响着法律的发展,生产力通过制约生产关系的发展变化,从根本上决定着法律的性质、内容以及法律的发展和变化。另一方面,法律通过调整社会生产关系对社会生产力起着巨大的反作用。法律对于社会生产力是起促进作用还是阻碍作用,关键在于法律所保护的社会生产力是否能适应社会生产力的发展。代表社会先进生产力发展要求的法律,才是能够促进社会生产力发展的法律。社会主义司法应当体现社会主义的本质,始终以是否反映社会主义先进生产力的发展要求作为衡量其是否具有先进性的基本标准。

二、程序是实现实体法正义价值的保障

在普鲁士的封建专制制度下,农民在贵族地主的大肆掠夺下日趋贫困,可是贪婪的贵族地主却仍不满足,甚至要求把穷人为了生计被迫捡拾枯枝的行为列为林木盗窃罪。马克思在《莱茵报》发表了《第六届莱茵省议会的辩论——关于林木盗窃法的辩论》,深入分析了程序法对被告人合法利益的保障问题。

---

① 马克思、恩格斯:《德意志意识形态(节选)》,《马克思恩格斯选集》(第1卷),人民出版社1995年版,第98页。
② 《马克思恩格斯选集》(第2卷),人民出版社1995年版,第32—33页。

在莱茵省议会围绕"林木盗窃法"草案的辩论中,林木所有者的代表不仅在法律的实体规范方面肆无忌惮地维护自己的利益,而且"非常细心地侦查、算计和推断"被告人可能会怎样利用程序法。他们把程序法看作是私人利益的障碍物。在马克思看来,程序法是被告人合法利益和实体法正义价值实现的基本保障,马克思对司法公正、程序法的价值、实体法与程序法的关系、审判公开等问题进行了阐述。

首先,马克思批判了林木所有者的议会代表把不具有法律效力的判决宣布为有效的恶劣行径。在这样的情况下,林木所有者俨然成了一位法官,"他竟亲自进行审判了"。在马克思看来,司法的公正依赖于公正的立法,"如果认为在立法者偏私的情况下可以有公正的法官,那简直是愚蠢而不切实际的幻想!既然法律是自私自利的,……法官只能一丝不苟地表达法律的自私自利,只能无所顾忌地运用它"①,也就是说,在邪恶的法律的指挥下,不可能出现法官公正的判决。换言之,只可能出现一个在形式上"公正",但在实质上不公正的判决,因为判决内容早就被立法所限定了。不难看出,马克思所要强调的是司法公正的首要精神就是依法审判。

其次,马克思认为,法官要实现司法公正,还必须严格遵循合理的司法程序。马克思特别强调诉讼程序对于实现实体法的重要价值,实体法具有"本身特有的必要的诉讼形式"。马克思精辟地论述了程序法的价值意义,指出"本质上公开的、受自由支配而不受私人利益支配的内容,一定是属于公开的自由的诉讼。诉讼和法二者之间的联系如此密切,就像植物外形和植物本身的联系,动物外形和动物血肉的联系一样。使诉讼和法律获得生命的应该是同一种精神,因为诉讼只不过是法律的生命形式,因而也是法律的内部生命的表现"②。可见,诉讼程序是实体法的必然要求,是实体法得以实现的结构形式。在这里,马克思形象而准确地把诉讼

---

① 马克思:《第六届莱茵省议会的辩论(第三篇论文):关于林木盗窃法的辩论》,《马克思恩格斯全集》(第1卷),人民出版社1995年版,第287页。
② 马克思:《第六届莱茵省议会的辩论(第三篇论文):关于林木盗窃法的辩论》,《马克思恩格斯全集》(第1卷),人民出版社1995年版,第287页。

程序比作法律的生命存在形式,强调没有了这一形式,法律的生命也就会消失。

再次,马克思认为,诉讼程序的性质取决于实体法的性质,自由的、正义的、不受私人利益支配的实体法必然地决定了自由的公开审判程序;否则的话,"只要把中国法套上法国诉讼程序的形式,它就变成法国法了"①。所以,实体法与程序法的关系是内容与形式的关系,有什么样的实体法就有什么样的程序法与之匹配。在这里,马克思将程序规范看作是实体法的内在属性的外在体现。

最后,以上述理论为基础,马克思批判了莱茵省议会无视正当程序,践踏审判公开原则的行为。他指责林木所有者利益的代表把"不自由的形式"(审判程序)赋予了"不自由的内容"(实体规范),其原因在于,他们以秘密的诉讼程序的形式将私人利益的内容写入法律,并赋予其强制执行力。显然,无论是在实体法还是在程序法的制定上,这些偏私的立法者一贯的伎俩总是这样的:"凡是从法的观点中引申出来的结论,都被借口会产生有害的或可疑的后果而遭到否定。"②私人利益的力量是何等的强大,它消灭了理想,消灭了感情,消灭了道德。在私人利益占上风的地方的立法者心中,法律只是沦为实现他们私人利益的物质手段而已。

三、对资产阶级司法制度的批判

早在《莱茵报》期间,马克思便通过对林木盗窃法的分析,科学地揭示了程序法与实体法、立法与司法之间的一般关系,从而奠定了马克思主义诉讼法学的基础。在《新莱茵报》期间,马克思、恩格斯在与普鲁士的自由资产阶级和封建势力的斗争实践中,运用历史唯物主义的法律观对普鲁士专制的司法制度做了进一步的揭露和批判。

---

① 马克思:《第六届莱茵省议会的辩论(第三篇论文):关于林木盗窃法的辩论》,《马克思恩格斯全集》(第1卷),人民出版社1995年版,第287页。
② 马克思:《第六届莱茵省议会的辩论(第三篇论文):关于林木盗窃法的辩论》,《马克思恩格斯全集》(第1卷),人民出版社1995年版,第271页。

马克思认为,在普鲁士各种司法制度中,检察制度最能体现普鲁士专制司法制度的本质特征,作为普鲁士国王的司法代理人,国家检察官在旧普鲁士司法程序中具有举足轻重的地位。三月革命之后,背叛革命的自由资产阶级和封建王权携手进一步强化了检察官的权力。作为专制政府干预司法的工具,它甚至比旧普鲁士、比欧洲历史上专制王朝的检察制度更加反动。在国家检察官的庇护下,警察有权在编辑部或邮局没收他们不喜欢的报纸,即使事情不属于司法机关的权限范围之内的时候,警察也有权没收①。不仅如此,对于那些尚未发行,还不能成为据以指控犯罪的出版物,仍可依检察官的需要而没收它。就连法国的旧约法令、卡芬雅克的军刀检察制度都还尊敬的私有财产关系,也被置于普鲁士检察官的管辖之下,而这一切都是在打着维护"法制基础"的旗号下进行的。

资产阶级的陪审制度曾被许多人视为司法公正的重要保障,而在普鲁士,这一制度却处处充斥着封建等级特权的特征。马克思在《对哥特沙克及其同志们的审判》一文中对陪审法庭的组织原则和陪审员的资格做了历史唯物主义的分析。"资格限制使一定的阶级享有从自己的人当中挑选陪审员的特权。"②针对一些资产阶级学者强调陪审法庭是依据良心作出公正裁决的言论,马克思指出:"良心是由人的知识和全部生活方式来决定的"③,"一个除了资格以外没有别的本事的陪审员,他的良心也是受资格限制的"④,因而"特权者的良心也就是特权化了的良心"⑤。据此,马克思认为,"现今这样组织的陪审法庭是维护某些人的特权的机关,而绝不是保障一切人的权利的机关"⑥。

---

① 参见马克思:《霍亨索伦王朝的出版法案》,《马克思恩格斯全集》(第6卷),人民出版社1961年版,第433页。
② 马克思:《对哥特沙克及其同志们的审判》,《马克思恩格斯全集》(第6卷),人民出版社1961年版,第151页。
③ 马克思:《对哥特沙克及其同志们的审判》,《马克思恩格斯全集》(第6卷),人民出版社1961年版,第152页。
④ 《马克思恩格斯全集》第1卷,人民出版社1995年第2版,第282页。
⑤ 马克思:《对哥特沙克及其同志们的审判》,《马克思恩格斯全集》(第6卷),人民出版社1961年版,第152页。
⑥ 马克思:《对哥特沙克及其同志们的审判》,《马克思恩格斯全集》(第6卷),人民出版社1961年版,第152页。

进而,马克思通过对普鲁士法官和反革命政府之间关系的分析,粉碎了人民对法官迷信般的尊敬。他指出,普鲁士各级法官并不具有独立审判的资格,不过是一群官吏。

同专制的司法组织制度相适应,普鲁士的司法程序也充斥着专制和擅断。司法机关的指控所依据的不是客观存在的犯罪事实,而是一种倾向。在行为发生之前,当局已预先定罪。"对哥特沙克及其同志们的审讯不是根据哥特沙克等人在6月25日以前所犯的某种真正罪行,而完全是根据当局等待他们在6月25日必将犯下某种可感触到的罪行。"①这种预先定罪与非法羁押的行为正是专制司法制度在审判程序中的自然表现。

四、对无产阶级司法制度的设想

在国际共产主义运动史上,1871年的巴黎公社革命占据了极其重要的地位,巴黎公社的伟大实践证明了马克思和恩格斯创立的科学社会主义学说具有强大的生命力。马克思为巴黎公社而写的《法兰西内战》一文,通过对巴黎公社革命历程、政权建设等问题的考察,进一步阐明了马克思主义法理学和宪政思想,文中马克思论证了"必须打碎资产阶级国家机器及其法律制度"的光辉思想,着重阐明了如何打碎资产阶级国家机器并构建无产阶级新型民主与法制,体现了马克思对民主和法治问题的深入思考和探索。

巴黎公社的法制建设最突出地表现在司法制度的建设上。巴黎公社在1871年4月20日公布的《告法国人民书》中声明,公社拥有的不可剥夺的权力之一便是"组织诉讼程序";"通过选举或竞选任命各类负责的、受经常监督的可以更换的公职人员和公社官吏"②。

从司法公务人员来看,他们也如其他一切公务人员一样,由选举产

---

① 马克思:《对哥特沙克及其同志们的审判》,《马克思恩格斯全集》(第6卷),人民出版社1961年版,第157—158页。
② 《国家与革命》,《列宁选集》第3卷,人民出版社2012年版,第152—153页。

生,对选民负责,并且可以撤换。公社发布的法令草案中规定,巴黎公社决议将在巴黎任命的各法庭的法庭执行人、公证人,可领取一定的薪金,可以免交保证金①。

从司法组织来看,公社采取了司法措施,规定了商事法庭法官和调解法官的选举规则。它详细规定了陪审员制、公诉人制和诉讼程序等。具体来看,陪审员由在巴黎公社关于设立起诉法庭的法令公布以前选出的国民自卫军代表中选出;起诉法庭由12个陪审员组成,并从中选出每次开庭的主席,主持法庭;公诉人由巴黎公社直接任命的公社检察长和四名副检察长组成,支持控诉;司法委员会任命一名宣告人和一名书记,负责一切传讯和通知。在庭审过程中,在被告人及其代理人与公诉人之间进行辩论;辩论结束后,由陪审员进行投票表决是否有罪,主席开票,秘书计算票数并宣布结果。后来,公社又在司法代表的指导下成立了民事法院,在审理亟待解决的案件时可以不遵循常规的诉讼程序,而且双方都有权自我辩护,这项措施完全打碎了原有的旧司法机关。

此外,为了适应特殊的革命环境,公社还专门成立了军事法庭,确定了军事法庭审判程序和惩罚措施。公社还发布了关于组织军事法庭和纪律委员会的法令,确定了公社军事法庭的审判程序和惩罚措施,对军事法庭的审判程序以及关于罪行、过失和惩处做了详细规定。

从巴黎公社的司法制度来看,不仅司法机关的工作人员由选举产生并实行监督罢免制度、最高薪金制度,而且在司法组织活动的每个环节都大力贯彻法治原则,确保公民的人身自由与权利。

从逮捕手续上看,执行委员会作出了反对任意逮捕的决议,公社通过了关于履行逮捕手续的法令,预防任何专横无理行为侵犯公民的人身自由。法令规定,"逮捕人以后,应立即通知公社驻司法部代表,由公社驻司法部代表或由他人派人审问被捕的人;如果认为该人应该逮捕,则应将该人正式监禁";"逮捕人以后,如果在24小时内不通知公社驻司法部代表,则被认为是任意逮捕人,对实施任意逮捕的人必须加以追究";"未经主管

---

① 参见莫洛克:《巴黎公社会议记录》(第1卷),何清新,译,商务印书馆1961年版,第447页。

机关或公社正式授权的直属机构的批准,不得对私人住宅进行搜查或征用;凡任意搜查私人住宅者,将逮捕法办。"①随即,公社又通过了关于逮捕手续的法令,进一步规定一切监狱、拘留所和感化院的首长、全体狱吏和书记官都应在每一位被捕人的监禁证上注明逮捕监禁的理由;对被捕人予以扣留的文件、物品则须交给拘留所保管处保管。

从诉讼程序上看,巴黎公社为了公众的安全和需要设立特别法庭,必须"使维护法律的人坚持高于一切的社会利益与公正的如下原则:由地位相等的人审判;法官由选举产生;可自由进行辩护"②。起诉法庭条例充分体现了对被告人合法权利的保障。在庭审过程中,被告有权召请有利于自己的一切证人;可以自由地选择辩护人,甚至可以不在律师团体中选择;在认为对自己的辩护有需要时,可以申请任何回避。在被告人及其代理人与公诉人辩论结束后,由陪审员进行投票表决是否有罪。如果被认为无罪,则立即释放。为了表示对人的生命的审慎和尊重,公社专门规定,任何宣告死刑的判决,如果未经执行委员会签署决议,都不得执行。

此外,为了适应特殊的革命环境,公社专门成立了军事法庭,制定了军事法庭审判程序和惩罚措施。军事法庭若不按规章办事,则可宣布军事法庭的判决不合法,要求重新审查它所作出的一切判决。为此,公社专门成立了审查军事法庭判决的委员会,就军事法庭的判决迅速作出决定。

以上充分表明巴黎公社十分重视通过法制来实现对权利的充分保障。

第二节 列宁关于法治与司法的思想与实践

马克思、恩格斯围绕法的本质及其发展规律,阐述了一系列深刻而丰

---

① 《巴黎公社公报集》(第1集),李平沤、狄玉明,译,商务印书馆1995年版,第653页。
② 《巴黎公社公报集》(第2卷),狄玉明、何三雅、李平沤、等译,商务印书馆1996年版,第240页。

富的理论观点,成为社会主义法治建设宝贵的指导理念。法学专业毕业的列宁,在领导布尔什维克进行革命和建设的过程中,继承了马克思、恩格斯关于无产阶级法治和司法建设的基本理论,并从理论和实践两个层面丰富与发展了无产阶级法治与司法思想。

一、建立与社会主义经济基础相适应的司法制度

马克思主义唯物史观认为,生产力决定生产关系,经济基础决定上层建筑。司法制度或者说法律制度是与国家政治制度、意识形态同属于国家上层建筑的组成部分,是由社会经济基础决定的,也就是特定社会中占统治地位的生产关系的综合。司法的本质与变化也取决于社会经济基础,并随之变化而发生相应的变化。列宁领导的苏联无产阶级摧毁了资产阶级的阶级统治和司法制度后,列宁对如何维护国家稳定、社会秩序和人民权益进行了不懈的思考与探索,认为建设与社会主义经济基础相适应的司法制度是无产阶级摧毁资产阶级的司法制度后的历史任务。

法律是国家制定出来的,体现了统治阶级的意志。司法是对统治阶级意志的法律适用,所以在制度的建构、机构的设置以及权力的运行方面都要体现统治阶级的意志,但这种主观意志的体现又根源于统治阶级所处的社会物质生活条件和客观现实。所以从这个层面上讲,法律根源于社会物质生活条件,司法也同样要反映客观经济基础才能良好运行,从而更好地维护国家安全、社会秩序和人民权益。旧的俄国的法律和司法机关是资产阶级国家的上层建筑,保护资本主义私有制的生产关系,为俄国资产阶级服务。列宁领导的苏俄建设社会主义公有制经济,相应的上层建筑也应当以维护社会主义公有制经济基础为己任。在司法制度的建设方面,列宁主张废除旧的司法制度,摧毁旧的司法机关,按照无产阶级意志的要求,建立服务于新兴苏维埃社会主义经济基础的司法制度,并对苏维埃司法机构的设置和司法权力运行的机制做了有利于无产阶级利益的

安排。因此,十月革命胜利后,列宁主张摧毁旧的法治秩序和旧的国家机器,建立社会主义的法制体系和司法制度。

二、坚持党对司法机关的领导

俄共(布)作为苏维埃俄国唯一的执政党,如何坚持与加强对司法机关的领导是一个不容回避的重大问题。虽然从纲领上看,苏维埃是劳动群众实现国家管理的机关,但当时俄国劳动群众的文化水平和现实状况不足以担此重任,所以在实践中,是由无产阶级的先进阶层也就是俄共(布)来实现管理的,同无产阶级专政直接相关的国家司法机关必须坚持俄共(布)的领导。那么,俄共(布)应当如何实施对司法机关的领导呢?列宁在不懈的探索中明确了共产党领导司法机关的基本指导思想。

首先,从立法上,将人民的利益确定为最高的立法原则。这源自曾经的马克思主义者普列汉诺夫率先提出的"人民的利益是最高法律"这一基本民主原则,列宁非常认同这一马克思主义法学原则。在苏俄颁布土地法时,许多农民主张实行社会革命党提出的"土地社会化",这与俄共(布)倡导的"土地国有化"思想是相悖的,列宁针对这种情况指出,"土地社会化"代表了全俄绝大多数农民的意志,不能因为是社会革命党提出的方案就否定它,而要充分尊重农民的利益要求,相信他们正确妥当地解决问题的能力,应当立即宣布为临时法律并立即实行。列宁始终将人民的利益作为无产阶级政党开展工作的最高宗旨,立法工作也应当反映人民群众的意愿与利益诉求,即使与俄共(布)的纲领不符,也应当首先考虑人民群众的利益,而不能教条地遵循党的纲领。

其次,党的代表大会只能通过决议,而不能制定法律,国家立法机关要用法律的形式将俄共(布)的路线、方针和政策等固定下来,而不能直接用党的决议去代替法律。俄共(布)在1921年召开的第十次代表大会上决定实行新经济政策,列宁随后就明确指示:"要把叫作新经济政策的东西以法律形式最牢固地固定下来,以排除任何偏离这种政策的可能性"①。在将余粮收集制改为实物税的决议问题上,列宁指出要先由党的代表大会通过决议,然后再提交立法机关研究实行实物税的形式并制定法律。可见,作为执政党的俄共(布)的党员代表大会通过的决议,整个国家都必须遵守,党的方针和政策是立法机关制定法律的依据,这也体现了党对立法机关的领导。

最后,俄共(布)政治上领导并监督国家司法机关,并为司法机关制定活动的基本准则。列宁还写信给司法人民委员部的库尔斯基,指出司法机关在新经济政策时期的基本行为准则,既要认真对待法律的条文,又要认真对待法律的精神,在司法过程中不能有违反法律精神的情况发生。列宁为了加强俄共(布)对司法机关的政治领导,在《论"双重"领导和法制》一文中提出,在中央机关找十来个人行使中央检察权,行使中央检察权的最高法庭、总检察长、司法人民委员部务委员会要与中央政治局、中央组织局和中央监察委员会保持密切联系并接受其监督,从而可以最大限度地抵制地方和个人对司法机关的影响,使整个共和国可以统一地实行法制。②

三、人民行使司法权

社会主义国家政权的实质是实现人民主权。要实现人民主权,仅仅靠将人民主权作为政治口号和宪法原则确定下来是不够的,必须以具体制度的形式反映并实际保障人民主权的实现,作为国家政权机关的司法机关无疑担当着保障人民主权的神圣使命。

列宁认为,资产阶级的司法思想反映了资产阶级的共同意志,资产阶级的司法机关服务于资产阶级的共同利益;对于无产阶级的社会主义国家而言,无论是司法机关的运作还是国家政权机关的运作,都体现了无产阶级的意志,为无产阶级利益服务。所以,列宁在《俄共(布)党纲草案》中提出要废除资产阶级的旧式法院,建立符合无产阶级意志和利益的工农

---

① 《列宁全集》第43卷,人民出版社1987年版,第242页。
② 参见《列宁全集》第42卷,人民出版社1987年版,第267页。

法院,工农法院的法官由劳动者选举,从劳动者中产生,无论男女,在选举法官和履行法官职责时享有平等的权利,以此来确保社会主义国家司法权的人民属性。列宁还主张广大人民群众直接行使司法权,规定苏维埃的司法机关要平等地吸收工农代表担任法官职务和陪审员,保证从司法机关的组成上平等维护人民参加司法机关工作的权利,让人民代表依据劳动阶级的革命法律意识来裁决案件。列宁指出,人民的代表参与司法是在司法建设中实现人民主权的开端,要把这一做法坚持下去,就不能用教育程度、财产状况和居住年限等条件来限制陪审员的选举资格[①]。

四、人民行使监督权

列宁在对资产阶级民主与法制的分权制衡理论进行批判的基础上,提出了社会主义国家要以人民的权利制约国家权力、以人民来监督国家权力运行的理论体系,并以此建构了符合苏俄国情的权力运行的制约机制和人民监督司法的体制机制。列宁之所以强调人民监督权对国家权力的制约,是因为他把监督国家权力、避免使国家管理机构的工作人员蜕变成官僚主义者视为执政党不容回避的重大现实问题。列宁尝试探索一种较为理想的权力监督与制约模式,使国家机构的管理人员不脱离群众,不丢掉自己是人民公仆的思想。他尝试过政党监督和国家监察的方式,但都收效甚微。列宁认真总结监督工作的教训,觉得要想从根本上防止党和国家的腐化蜕变,必须跳出政党监督和国家监察这种"以官治官"的圈子,从人民的角度来审视权力制约的模式,所以最终列宁认识到唯有以人民的权利来制约国家的权力,才能有效防止泛滥的官僚主义。

如何实现人民监督权,首先必须把国家最高监督权由国家监察机关转向广大人民,确保人民群众在监督中的主体地位,同时建构行之有效的人民监督系统。直接从工人和农民中选出人员充实到中央监察委员会,并赋予他们中央委员的权利,可以不顾情面地提出质询,任何人不得妨碍

---

① 参见《列宁全集》第22卷,人民出版社1988年版,第76页。

他们检查工作①。列宁还创造了人民监督的多种渠道与网络,一是通过媒体宣传法律和法令,报道国家相关情况,让人民群众在了解国家事务运作的基础上具有相当的判断能力,这样人民群众对于官僚主义、贪污腐败等不良情况才能更好地发挥监督作用,使人民监督权真正落到实处②;二是通过信访实行监督,这是党和国家密切联系群众、保障人民监督权有效行使的重要渠道;三是工会组织进行的监督,使工会成为工人阶级监督厂主和国家机关工作人员的重要组织力量,发挥工会同各种违法违纪现象作斗争的监督职能,使人民监督有效开展而不至于流于形式。

列宁让人民参与国家权力运行监督的理念,构成了司法监督的逻辑起点,对社会主义国家司法权的运行与监督指明了方向。人民监督可以有效地防止司法异化为政治工具,促使司法机关权力运行法定化、规范化和程序化。可惜的是,列宁关于人民监督权的科学理论被后来的苏共领导人所抛弃,致使苏俄最后形成贪腐泛滥成灾的恶劣局面。

第三节 中国化马克思主义的司法观

一、司法的本质:满足人民日益增长的司法需求

在我国,一切权力属于人民充分体现了人民民主专政的国体和社会主义民主政治的本质,也是中国特色社会主义司法的根本属性。司法权必须本着全心全意为人民服务的宗旨,满足人民群众的司法需求,保护最广大人民群众的根本利益。司法工作和司法业绩由人民来评价,应该把司法得到人民的认可,作为一切司法工作的出发点、落脚点和价值追求。

改革开放以来,我国经济飞速发展,人民的生活水平也在不断地提

---

① 参见《列宁全集》第43卷,人民出版社1987年版,第374页。
② 参见龚廷泰:《列宁法律思想研究》,南京师范大学出版社2000年版,第300—308页。

高,私人物品的供给已比较充足,如人们的衣、食、住、行等一些基本需求在一定程度上获得了满足,但是,新的需求和矛盾也随着出现了。由于地区间交流不断增加,人口流动更加频繁,人与人之间的关系更加复杂,矛盾和纠纷也越来越多,人们对应该由司法机关提供的公共服务的需求也迅速增加了。人们对社会公正尤其是司法公正的期待,对平等、自由、人权保障等的期盼,都在日益增长。这就需要司法机关不断提高司法能力,倾听人民群众的呼声,在实际工作中体现为民、便民和护民。

同时,政治、经济体制改革的逐渐深入,各种深层次的矛盾日益凸显,导致纳入法律调整的社会关系更加宽泛,由此引发的诉讼也不断增加。当前,我国正处于经济社会的转型期,司法工作既面临良好的发展机遇,也面临严峻的挑战。人民群众法治意识进一步增强,在优化司法环境的同时也对司法工作提出了新的期待。面对新形势、新任务,司法制度必须适应经济社会发展的需要,必须以人民群众的司法需求为基础,随着人民的需求增长而不断发展和完善,使人民群众能够有效解决矛盾纠纷,促进社会和谐。

首先,司法满足人民群众对自由和权益的需求。自由是法律永恒的价值,当自由受到侵害时,司法是最好的解决途径。法治社会的根本标志之一就是维护人的自由和权益。我国司法制度的调整功能主要是通过各种诉讼活动实现的。在刑事诉讼中,通过侦查、起诉、辩护、审判等一系列活动,查明案件事实、查清案件真相,使无罪的人不受追究,使有罪的人接受公正的裁决,保障人民群众的自由和利益。在民事诉讼中,通过司法及时查明案件事实,正确适用法律,制裁违法行为,确认民事权利义务关系,维护社会秩序和经济秩序,保障人民群众的合法权益;在行政诉讼中,通过司法监督行政机关依法行使行政职权,保护公民、法人及其他组织的合法权益。司法是保障公民利益、限制国家权力的有效武器,这一点在行政诉讼中表现得尤为明显。因为在与国家行政机关的交往中,公民个人永远是弱者,明显处于劣势地位,人民群众更需要和依赖公正的司法来保障自己的合法权益。

其次,司法满足人民群众对公平和正义的需求。公平被视为是人在世界上的最高利益,正义则意味着公平与合理。人们在社会生活中追求公平和正义,最具体的体现就在于对法律的追求。在社会生活中,同样的情况适用同样的法律,是人们最基本的要求,法律的价值首先就是正义。正如英国学者哈特在分析正义观念时所说的:只要人民的行为是由正式公布、又由独立的司法机关适用的一般规则加以控制时,就是最低的正义①。

最后,司法满足人民群众对稳定和秩序的需求。当前,在世界多极化、经济全球化、社会信息化的大背景下,国内外政治经济形势相互影响、相互作用的态势更加突出,尤其是敌对势力对我国进行渗透破坏活动加剧的态势更加突出,人民内部矛盾凸显、群体性纠纷和新类型案件增多的态势更加突出,导致我国社会中不稳定因素增多,处理难度增大。人民群众在生产生活中,对安定的社会环境和稳定的社会秩序的需求更加强烈。司法在通过制裁违法犯罪、化解矛盾纠纷、规范社会秩序上起到了任何其他手段都无可替代的作用。

由上面的论述我们不难得出,司法的本质在于不断满足人民日益增长的司法需求,我国司法制度也正是在此基础上不断发展和完善的。

二、司法的使命:服务于党和国家的大局

司法是一种国家的行为,司法权是国家权力的重要组成部分,司法工作必须为国家的大局服务。服务大局反映了司法在中国履行的功能,是我国司法一贯以来的工作特色,具有鲜明的文化个性。事实上,司法并非存在于真空之中,相反,司法是中国特色社会主义事业这一整体的一部分。作为部分的司法只有在作为其整体的中国特色社会主义事业中才能被理解,作为部分的司法也只有服务、服从于其整体时,它的功效才能够发挥出来。

---

① 哈特:《法律的概念》,张文显,等译,中国大百科全书出版社1996年版,第201页。

建设中国特色社会主义是我们国家的根本目标,这是我国国家建设的大局,包括司法力量在内的一切国家力量均应服从、服务于这一大局,而建设中国特色社会主义这一大局通常以党和国家根本任务或中心工作的形式表现出来。因此,服务大局就是要把握党和国家在具体社会发展阶段的根本任务或中心工作,把握党和国家的政治和政策,使司法的使命与之相适应。对于司法机关而言,服务大局要求司法机关从大局出发、以大局为重,尤其是在面对重大敏感和社会影响深远的事项时,必须以法治思维和方式,尤其是以宪法思维和方式加以应对,顾全大局,避免对大局造成损害,影响中国特色社会主义建设的进程。

在不同的发展阶段,由于政治中心任务不同,司法的重心也不同。新中国成立初期,司法是镇压反动势力的专政武器,之后,又参与执行了镇压反革命、特赦和揭批"四人帮"、纠正冤假错案等历史职能,这些都是司法直接为党和国家的中心任务服务的表征。改革开放后,各级司法机关更是紧紧围绕党和国家工作大局,通过发布司法政策,为建立社会主义市场经济体制,为构建社会主义和谐社会,为全面建设小康社会发挥了司法服务和保障作用。2008年,司法机关对三聚氰胺问题奶粉事件及时提出司法指导意见,对汶川大地震的抗震救灾,以及应对国际金融危机等做了卓有成效的努力。这些都可表明,司法服务于党和国家的工作大局,既是我国国情所需,也是我国司法一直努力的方向。

一方面,司法服务大局的政治使命,是由司法机关的性质和任务决定的。在中国特色社会主义国体和政体条件下,司法机关由人民代表大会产生,司法机关对其负责,受其监督。司法制度是在党的领导下创立并完善发展的,是人民代表大会制度的组成部分,是在党的统一领导下的国家机构中的一个职能部门。另一方面,司法机关担负着服务于经济和社会的发展,维护和保障人民群众的幸福安康的神圣职能。这些都决定了司法必须坚持正确的政治方向,只能服务党和国家工作大局,而不能脱离或者背离大局。

而且,司法服务大局的政治使命符合司法的服务性特征。司法的服务性,是指司法在履行自身职能的过程中对于社会稳定、经济发展所具有的作用。西方国家强调司法的中立性、独立性和消极性等特征。但是谁都无法否认司法作为一种国家权力,具有服务社会的功能。特别是随着依法治国方略的确立,随着政治文明和尊重人权观念的入宪,强调司法的服务性特征是非常必要的,司法的服务性是我国司法特色的必然内涵之一。

三、司法的准则:以事实为根据,以法律为准绳

1978年召开的中共十一届三中全会为了清理"文革"中司法混乱的状态,提出了司法机关必须"以事实为根据,以法律为准绳"的基本思路,继而这也成为司法机关开展工作的基本准则。"以事实为根据"意在追求客观事实,即案件的本来面目,是中国共产党"实事求是"的执政理念在司法领域的具体体现。这一准则在改革开放初期纠正"文革"时期的混乱局面有很大的意义与价值。

"以事实为根据"关乎案件事实的正确认定,毋庸置疑,事实是司法过程中司法机关审理案件的根本依据,离开案件事实,即使法律适用再正确,司法判决也不可能是公正的。因此,通过收集证据,做到案件事实的真实查明和正确认定是"以事实为根据"的首要要求。但是,现实来看,诉讼活动对案件事实的认定是否能够达到对已经发生的案件事实的完全客观再现是一个充满争议的问题。由于司法活动本身的滞后性,司法机关及相关当事人通过证据来发现和认定的案件事实就有可能与原本的案件事实的真实情况出现一定的分野。在司法活动中,进入裁判程序的案件事实表现为两种形态:一是案件发生时的本来面目或本来事实,一般称为"客观真实";二是司法机关根据法律要求所证明和认定的事实,称为"法律真实"。因此,在案件事实的认定问题上产生了"客观真实论"和"法律真实论"两种司法理念。

这两种事实认定理论都具有一定的理论合法性,但是从实践层面而言,在案件事实的认定标准上,我们既要坚守"客观真实论"的宗旨,因为

符合"客观真实"是认定案件事实的基本属性,"以事实为依据"所要求的事实,应该以"客观真实"为追求目标。但同时又要正视"法律真实论"的价值,采用"法律真实"的概念无疑体现了法律活动的独特规律,司法裁判针对的是过去发生的"事实",司法人员对案件事实的认知只能是对客观真实的"无限趋近",却不能"完全达到",司法者根据有关案件事实的信息,依据法律规定的判断标准进行推定以展现案件事实的原本面貌。

总结来说,"客观真实"可以被看作是评判事实真实性的一种概括性标准,在现代法治社会中"法律真实"只有以"客观真实"为依归才具有正当性;而"法律真实"是在具体的实践场合下评判事实真实性的操作性标准,在司法活动中,"客观真实"只有转化为"法律真实"才能实现并具有意义。从司法公正的视角看,司法主体所认定的案件事实和"法律真实"都应该与"客观真实"尽可能地吻合,只有这样才可以说司法正义得到了实现。

"以法律为准绳",就是指司法机关在司法时,要严格依照法律规定办事,把法律作为处理案件的唯一标准和尺度。在查办案件的全过程中,都要依照法定权限和法定程序,在查明事实的基础上,依据法律的有关规定,作出公正合理的裁决。以法律为准绳,意味着整个司法活动中,法律是最高的标准,这是现代法治对司法提出的必然要求。在司法裁判中,法官必须寻找适合于具体案件的法律规范。在现代民主法治国家,有关实体权利和义务都是由法律明文规定的,当事人之间因实体法律关系发生争议而诉诸法院表明他们之间的权利和义务分配出现不符合法律规定的情形,司法的目的就是要通过适用法律"把事情矫正"。因此,实体公正就是立法所确立的一般公正由司法而在法院裁判的具体案件上的一种传承和落实,要实现司法的实体公正,就必须正确适用法律。法官在司法过程中对法律规范的适用并非一种简单的过程,具体而言,在面对一个待判的案件时,法官首先应该考虑从既存的法律规定出发来评判案件事实,以期能够为案件的处理寻找到国家制定法上的认识。这既是现代国家制度化的司法机构——法院的基本任务和责任,也是法官所拥有的公认职能的要求。

"以事实为根据,以法律为准绳"是一个有机的整体,两者相互依存,不可偏废。以事实为根据是以法律为准绳的前提,没有它,"以法律为准绳"将成为一句空话;以法律为准绳是以事实为根据的必然要求,没有它,事实再清楚,也同样不会有法律的正确适用。以事实为根据与以法律为准绳不仅是紧密相连的,而且还是相互交融的。没有以法律为准绳,根本就无法保证做到以事实为根据,因为事实的获取本身就需要依照法律的规定进行。总之,作为一项重要的司法原则,两者是相辅相成的。党的十八届四中全会《决定》提出,要推进严格司法,坚持以事实为根据、以法律为准绳,推进以审判为中心的诉讼制度改革,实行办案质量终身负责制和错案责任倒查问责制,充分体现了"以事实为根据,以法律为准绳"的严格依法办事的精神实质,并为贯彻该项原则提供了制度保障。

四、提高司法水平关键在于司法队伍建设

"徒善不足以为政,徒法不能以自行。"①没有司法人员特别是法官的正确裁断,纸面上的法律没有任何实际效用。法官是法律王国的主宰,法官将书面的法律与现实的案件结合起来,使法律走入千家万户的生活而真正发挥效用,法官的使命就是贯彻执行法律,裁判矛盾纠纷,维护社会稳定,实现社会正义。所以也可以说,司法正义的实质就是法官的正义。面对任何诉讼,法官是不得拒绝裁判的,法官必须在司法过程中进行精心的法律选择、解释、裁量、援引,才可能达致实质正义。法官的这一切行为都与他们本身的法律素养、品性修为、道德良心、社会关系、性格爱好、生活环境等因素有关。埃希里利说:"除了法官的人格外,没有其他东西可以保证实现正义。"②因此可以说,没有高素质的司法队伍,司法权力运行机制再科学,也难以实现司法公正。建立符合职业特点的司法人员管理制度,建设高素质司法队伍,在司法体制改革中具有基础性的地位。

---

① 《孟子·离娄上》,万丽华、蓝旭译注:《孟子》,中华书局2016年版,第146页。
② 转引自本杰明·卡多佐:《司法过程的性质》,苏力,译,商务印书馆2007年版,第6页。

在着力恢复和发展司法机关的同时,各司法机关积极进行司法队伍建设。"中共中央和国务院发布了一系列重要指示,强调必须加强领导,充实司法队伍,健全司法机关,加强基层基础工作,保证国家法律的切实实施,做到'有法必依,执法必严,违法必究'。""1982年1月又发出了关于加强政法工作的指示,进一步强调必须全面加强政法工作,尤其是组织上的加强和整顿,要'扩大、充实、整顿和提高政法队伍','严格挑选,切实保证质量','有计划地实现政法队伍的革命化、年轻化、知识化、专业化','要坚决反对官僚主义,大力克服机构重叠、人浮于事、互相扯皮、办事拖拉等积弊。'"①

高素质的政法队伍,是做好政法工作的组织保证,编制紧缺、素质不高、能力不强是政法队伍建设中面临的主要问题。这些问题在中西部地区表现尤为突出。如果长期得不到解决,建设公正高效权威的司法体制将很难实现。为了解决这些问题,必须加强政法队伍建设,建立一支管理科学、素质过硬、纪律严明的政法队伍。党的十八届三中全会后,党中央积极部署与推进全面深化改革事宜,专门成立了中央全面深化改革领导小组,专司深化改革事宜。对司法人员进行分类管理,建立员额制制度,把司法机关工作人员分为司法官、司法辅助人员和司法行政人员三类,提高司法官的任职资格和条件,实行有别于普通公务员的管理制度,这是解决目前司法官队伍大、门槛低的有效路径。司法权是对争议事实和适用法律的判断权、裁决权,不仅要求司法人员具有良好的法律专业素养和司法职业操守,还要具有丰富的实践经历和社会阅历。党的十八届四中全会延续了三中全会的改革精神,在提升司法队伍专业化的举措上,提出建立司法人员逐级遴选制度。法官、检察官的选任,要坚持党管干部原则,尊重司法规律。在省一级设立遴选委员会,从专业角度提出司法官人选,以确保专业能力。然后再由组织人事、纪检监察部门在政治素养、廉洁自律等方面考察把关,以确保过硬的政治素质,最后由人大依照法律程序予以任免。

---

① 熊先觉:《中国司法制度简史》,陕西人民出版社1986年版,第157—158页。

五、司法机关依法独立行使职权原则

在现代社会,司法机关并非解决争端的唯一机制,却是最基本的争端解决机制。法律要稳定、可靠地指引人们的生活,司法机关依法独立地行使职权便是应有之义。虽然司法机关依法独立地行使职权并非能够必然保证司法公正,但它是司法公正的制度前提。

司法机关依法独立行使职权原则,是指司法机关在办理案件过程中,依照法律规定独立行使司法权。这是我国宪法确定的一项重要原则。我国《宪法》第126条规定:"人民法院依照法律规定独立行使审判权,不受行政机关、社会团体和个人的干涉。"宪法的这一规定,在刑事、民事、行政三大诉讼法和人民法院组织法中得到了体现。

司法机关依法独立行使职权原则的含义包括三个方面:一是司法权的专属性。即并非所有国家机关均有权行使司法权,除专门的国家司法机关外,其他任何机关、团体和个人都无权行使该项权利。二是行使职权的独立性。依法独立行使职权的核心是司法机关行使职权的独立性,即法官在进行司法裁判过程中,只服从法律的要求和良心的命令,客观对待证据和事实,不受任何机关、团体和个人以任何形式的干预,包括来自法院内部和外部的干预和控制。为了确保司法机关独立行使司法职权,必须处理好与执政党、人大、行政机关和社会舆论监督的关系,同时也必须建立必要的制度保障机制,其目的是确保司法机关在行使司法权时,不受外来压力的干扰,除了服从法律的权威外,不服从于任何权威。三是行使职权的合法性,即司法机关及其工作人员在审判处理案件时必须严格按照法律规定,正确适用法律,不得滥用职权,枉法裁判,也不受政府、公共舆论等的支配,无论是受理私人间还是政府与普通群众之间的纠纷。政府对司法的干预,不仅违背了宪法与法律确立的行政与司法之间的分工,而且败坏了法律的权威。就公共舆论来说,它不可避免地会对司法审判产生影响,但公共舆论不能绑架审判,审判的最终依据是法律,因为法律本身是人民意志的集中体现。

　　司法机关依法独立行使职权原则对于保证司法机关正常行使职权、正确适用法律、实现司法公正等方面具有重要意义。党的十八届四中全会通过的《决定》郑重提出，要完善确保依法独立公正行使审判权和检察权的制度，建立领导干部干预司法活动、插手具体案件处理的记录、通报和责任追究制度，建立健全司法人员履行法定职责保护机制。制度和机制的完善，必将有力促进"司法机关依法独立行使职权原则"的贯彻执行。

THE
THIRD
CHAPTER

第三章

中国式司法现代化的历史沿革

第一节　新中国成立初期摧毁旧司法、建立人民司法

一、废除六法全书，依新的司法原则初建司法系统

新中国成立以后，国民党时期的法律被废除，我国司法制度开始进入新的历史时期。1949年9月29日通过的《中国人民政治协商会议共同纲领》第17条明确规定："废除国民党反动政府的一切压迫人民的法律、法令和司法制度，制定保护人民的法律、法令，建立人民的司法制度。"1949年9月27日通过的《中央人民政府组织法》设立了最高人民法院、最高人民检察署、公安部和司法部，分别行使审判权、检察权、侦查权和司法行政权。随后，1951年9月3日通过的《人民法院暂行组织条例》《最高人民检察署暂行组织条例》《各级地方人民检察署组织通则》对法院、检察院的组织体系、职权划分、机构设置等做出了明确的规定，从而为新中国成立之初的司法体制奠定了坚实基础。

二、以纯洁司法队伍为主要内容的司法改革运动

尽管当时的司法体制在审理各类案件、镇压反革命、教育改造犯人、

保护人民利益、巩固人民民主专政、建立人民司法制度等方面起到了积极作用,但是在土地革命、镇压反革命、"三反"运动、"五反"运动中也暴露出了严重问题,即大批国民党时期的旧司法人员在政治上、组织上和思想作风上存在严重不纯的现象①。这些现象不仅损害了人民群众的利益,而且降低了人民法院在人民群众中的威信。1952年7月,为了扫除在司法机关中残存的旧法观念与旧司法作风的历史污毒,为了进一步密切人民群众与人民法院之间的联系,从思想政治和组织层面上纯洁各地司法机关,党中央和政务院决定在全国开展司法改革运动,而其改革重点就是对全国各级司法人员进行思想改造和组织整顿。

早在《关于废除国民党的六法全书与确定解放区的司法原则的指示》中,党中央就明确提出,要批判一切反人民的法律法令,以马列主义的民主法律观、新民主主义的纲领与政策来改造和教育司法人员。司法改革系统批判与清理了旧法思想,实际上就是压迫、剥削人民群众的资产阶级荒谬理论,司法人员如果立场不坚定,容易受到旧法思想的侵蚀,模糊新旧法律界限,不会用人民的法律来为人民服务。当时受到批判的旧法观点主要包括"县市长兼任法院院长,违背了司法独立精神""司法路线与群众路线相对立""法律面前人人平等""院长掌握案件判处,侵犯了审判员独立审判权"等观点。

司法工作是阶级性、政治性极强的工作,司法机关是实行无产阶级专政的工具,这个"刀把子"必须掌握在忠于党和人民、忠于社会主义事业的干部手中,司法机关的政治职能更加强调司法人员的政治条件和政治素质。新中国成立初期,中国共产党全盘接收了国民党时期的旧司法人员,所以各级司法机关都有相当比例的旧司法人员,这也为国民党特务分子的混入提供了可乘之机。旧司法人员过去一直是反动派镇压革命运动和压迫、敲诈劳动人民的直接工具,是为反动统治阶级服务的,政治上较为反动,思想上也秉承着反人民、反革命的法律观念,所以,司法改革的具体思路是从劳动人民中选择优秀分子充任司法干部,把人民司法工作从这

---

① 参见史良:《关于彻底改革和整顿各级人民法院的报告》,《人民日报》1952年8月22日。

些不可靠的旧司法人员手中拿回来。经过司法改革,旧司法人员基本上被清除出司法队伍,有的去冲扫厕所,有的去医院做了护士,基本都调离了司法工作岗位。

司法改革运动还对旧司法作风予以了批判,包括满嘴法言法语、机械搬弄烦琐的诉讼程序、不走群众路线,孤立办案,不与群众打成一片等。比较普遍的情况,一种是就案办案,不关心政治问题,对人民群众的利益和党与人民政府的政策根本不关心;另一种是"主观臆断,坐堂问案",不走群众路线,严重地脱离群众,写冗长陈腐的判决。[1]

经过 9 个月的司法改革运动,不仅清理了大批积案,改判与平反了一些错判案件,在全国法院清除了大量的恶劣分子和不适宜做人民司法工作的坏分子,并补充了大量的人民司法干部,而且在思想斗争的基础上对全国法院进行了组织整顿,划清了新旧法律观念之间的界限,明晰了敌我界限,确立了对新中国法治建设影响深远的"政法传统"。一是形成了政法合一的司法传统。从政治的角度定位司法机关,强调司法机关的阶级性和政治性,这种强调政治中心论的思维定式,使得司法机关在机构设置和管理方式上表现出浓厚的行政化色彩,缺少司法机关的独特运作方式,实践中不利于司法机关独立行使职权,这种政治定位也是导致司法权地方化和司法权行政化的制度根源。二是确立了群众路线的司法工作方法。中国共产党在长期的革命斗争中积累了群众路线的政治智慧,在党政合一的政治体制下,是否坚持群众路线,成为评判新旧司法作风的重要标准。坚持群众路线的司法工作典范是注重依靠群众、主动调查研究、巡回办案的"马锡五审判方式"。三是形成了司法大众化传统。司法机关的阶级性和政治性,使得在司法人员的选拔上重政治素质,轻法律素质和业务能力,司法职位向工人、农民、革命军人等社会成员无条件开放,只要具备较高的政治觉悟和政治素质,哪怕没有经受过专门的法律教育和司法训练,都可以充任进司法队伍,有的人甚至连司法判决书都不会写。司法人员的非职业化传统,影响了司法的质量和水平,从更深远的影响上说,

---

[1] 《华东华北进行司法改革》,《人民日报》1952 年 8 月 26 日。

妨碍了法律文明的发展和法治的建立。

三、新中国司法制度的正式确立

1954年9月,一届全国人大第一次会议在北京召开,会议通过了《宪法》《全国人民代表大会组织法》《人民法院组织法》《人民检察院组织法》等。《宪法》体现了人民民主原则和社会主义原则,规定:"中华人民共和国的一切权利属于人民。人民行使权力的机关是全国人民代表大会和地方各级人民代表大会。""中华人民共和国最高人民法院、地方各级人民法院和专门人民法院行使审判权。""中华人民共和国最高人民检察院对于国务院所属各部门、地方各级国家机关、国家机关工作人员和公民是否遵守法律,行使检察权。"这些规定表明了人民代表大会是我国的权力机关,人民法院和人民检察院由人民代表大会产生,分别行使审判权和检察权,并向人民代表大会负责,接受人民代表大会的监督。

《人民法院组织法》规定,我国人民法院主要设置为最高人民法院、高级人民法院、中级人民法院和基层人民法院四级,最高人民法院监督地方各级人民法院和专门人民法院的审判工作,上级人民法院监督下级人民法院的审判工作。人民法院独立进行审判,只服从法律。人民法院审理案件,实行公开审理和两审终审。《人民检察院组织法》中规定,人民检察院也是四级设置,分别是最高人民检察院、高级人民检察院、中级人民检察院和基层人民检察院。地方各级人民检察院和专门检察院在上级人民检察院领导下,不受地方国家机关的干涉,依法独立行使检察权[①]。人民检察院内部实行检察长领导下的监察委员会制。这些规定阐明了人民法院和人民检察院的组织原则,上下级人民法院之间形成了审级监督关系,上下级人民检察院之间形成了领导关系。

---

① 参见《建国以来重要文件选编》第5册,中央文献出版社1993年版,第538—539页。

宪法和司法机关组织法的相关规定,表明我国司法制度形成了相对系统和完整的规范体系和程序体系,阐明了我国司法体制运行的基本原则,标志着新中国司法制度的正式确立。

1956年9月,中国共产党在北京召开了第八次全国代表大会,大会分析了我国社会主义改造完成后的政治和经济形势,提出了要加强社会主义法制建设的重要性,对司法工作提出了一些新要求。刘少奇在大会上的政治报告中指出,随着暴风骤雨般的革命时期的结束,我们建立了新的生产关系,必须以完备的法制来保护社会生产力的顺利发展。包括公检法在内的一切国家机关在同反人民反革命分子作斗争时必须严格遵守法律,保护人民群众的正当合法权利。董必武针对少数党员干部不重视法制的现象,提出了"依法办事"的重要主张,"我认为依法办事,是我们进一步加强人民民主法制的中心环节。依法办事有两方面的意义:其一,必须有法可依。这就是促使我们要赶快把国家尚不完备的几种重要的法规制定出来。其二,有法必依。凡属已有明文规定的,必须确切地执行,按照规定办事;尤其一切司法机关,更应该严格地遵守,不许有任何违反"[①]。董必武"依法办事"的重要主张,成为人民法院和人民检察院在司法工作中必须遵守的司法准则,这是20世纪五六十年代,党和国家对法制建设和司法工作认识的最高阶段。

新中国司法制度经过短暂的大力发展之后,从1957年下半年到"文革"期间开始逐渐遭到严重打击,我国司法系统遭到严重破坏,并产生了大量冤假错案,司法部门的许多领导干部被打成了特务、叛徒,遭到了非常严重的诬陷和迫害,从而使我国司法制度和司法系统遭到了毁灭性的打击与破坏。

[①] 《董必武选集》,人民出版社1985年版,第418—419页。

第二节　改革开放后中国式司法现代化的探索

一、重建国家司法机关与司法制度

随着党的十一届三中全会的召开和改革开放政策的确立,我国开始加强社会主义民主法制建设,从而使我国司法体制得以迅速恢复,并通过不断改革取得了较大发展。例如,1978年3月,五届人大一次会议正式重建并确立了检察机关为法律监督机关;1979年9月,五届人大常委会第十一次会议决定设立司法部;1983年4月,党中央和国务院决定把公安部管理的监狱、劳改、劳教工作划归司法部管理,从而形成了公安机关、人民法院、人民检察院、司法行政机关在司法活动中互相分工、互相配合、互相制约的司法体制,人民法院和人民检察院要保持应有的独立性,保证法律面前人人平等,忠于事实和法律,忠于人民群众的利益,做到有法可依,有法必依,执法必严,违法必究[1],这有力地推动了当代中国司法现代化的时代进程。国家在重建司法体制和司法制度的过程中,取消了党委审批案件的制度,明确了党委包揽司法机关案件办理和司法行政事务是对司法机关独立行使司法权的侵犯,提出党委对司法工作主要是方针、政策的领导,而不能不按法律规定办事,以言代法,以党代政[2]。司法机关要始终坚持中国共产党的领导,科学确立党领导的基本原则和工作机制,这关乎我国司法工作是否沿着正确的方向发展。在对"文革"时期的冤假错案进行平反时,确立了司法机关办理案件的基本准则,必须"以事实为根据,以法律为准绳",认真搜集案件证据,查明案件事实,严格依照法律准确量刑,禁止以各种理由滥捕滥抓,违反法律规定的程序,任意判定加

---

[1] 参见《邓小平文选》第二卷,人民出版社1994年第2版,第146—147页。
[2] 余敏声主编:《中国法制化的历史进程》,安徽人民出版社1997年版,第272—274页。

重或减免刑罚。

二、自下而上的审判方式改革全面展开

经过重建的司法制度,人民法院和人民检察院组织体系进一步健全与完善,明确了司法机关的领导体制,各级人民法院向同级人民代表大会负责和报告工作,并接受上级人民法院的审级监督。人民检察院则是双重领导体制,各级人民检察院既要接受上级人民检察院的领导,又要向同级人民代表大会负责并报告工作。全国人大以颁行的"八二宪法"为根本,制定了人民法院和人民检察院组织法,以及刑事、民事等基本法律及诉讼程序法,确立了司法机关运行的一系列基本准则,夯实了司法制度发展的根基。

新中国成立时建立起来的司法制度与司法体制,随着计划经济向市场经济的巨大变革,经济、文化的对外开放与交流的持续推进,日益显现出体制的弊端,无法满足日新月异的经济实践所涌现出来的经济类案件的处理需求。所以为了更好地服务于改革开放这一党和国家的工作大局,人民法院于20世纪80年代中期率先启动了审判方式改革。

1987年10月,党的十三大深刻阐述了社会主义初级阶段理论和党的基本路线,提出了深化经济体制改革和推进政治体制改革的历史任务。1988年,最高人民法院结合党的十三大的会议精神,在第十四次全国法院工作会议上强调要"以改革总揽全局",分析了改革开放背景下人民法院面临的新的机遇与挑战,从六个方面提出了人民法院自身改革和建设的任务,要求革除审判工作中存在的弊端与问题,充分发挥宪法和法律赋予法院的审判职能,完善工作机制,使审判工作更为规范化、正规化[①]。

---

① 参见任建新:《充分发挥国家审判机关的职能作用,更好地为'一个中心、两个基本点'服务》(1988年7月18日),《政法工作五十年——任建新文选》,人民法院出版社2005年版,第203—204页。

这次会议部署的改革任务涉及法院工作的全局,是改革开放以来人民司法发展史上召开的一次重要会议,奠定了人民法院审判方式改革的坚实基础。

1992年春邓小平"南方谈话"后,当代中国的改革开放在更大的范围、更宽阔的背景下展开,邓小平作出的"社会主义完全可以实行市场经济"的著名论断,掀起了一轮思想解放的热潮。党的十四大在邓小平"南方谈话"基础上,进一步明确了建立社会主义市场经济作为我国经济体制改革的目标,并系统完整地设计了社会主义市场经济体制的基本框架。在邓小平"南方谈话"和党的十四大精神鼓舞下,司法改革被提上了重要议事日程。1992年12月召开的全国政法工作会议,强调要按照建立社会主义市场经济体制的需要积极探索政法管理体制改革,深入调查研究,制订改革方案并逐步实施。这一阶段的司法改革,主要是围绕着审判方式和法院人事制度两个方面展开。

一方面,法院启动了审判方式改革。1991年,七届全国人大四次会议通过了反映社会主义市场经济法权要求的《民事诉讼法》,规定所有的当事人拥有平等的诉讼权利,比如委托诉讼代理人、提供证据、自行辩论、自己决定调解或和解、提出回避申请、请求司法保护等诉讼权利;弱化了职权主义的民事诉讼模式,法院不再具有全面调查收集证据的权力,确立了当事人举证制度,这一系列关于民事诉讼的新规定,引发了民事审判的转型与变革,为审判方式改革提供了重要的法律依据。1996年召开的全国法院审判方式改革工作会议上,最高人民法院进一步强调要改革庭审模式,由职权主义的庭审模式改变为对抗主义的庭审模式,当事人在庭审时公开举证、质证与辩论,充分发挥庭审在案件审判中的重要作用。会议还提出,为了提高诉讼效率,减少司法资源的消耗,取得最佳审判效果,一定要加强调解工作,强化简易程序的适用。①

另一方面,法院启动了人事管理制度改革。党的十三大要求改变"国家干部"集中统一管理的状况,进行合理的分解,按照党政分开、管人与管

---

① 参见最高人民法院研究室编:《司法文件选》(1993年卷),人民法院出版社1995年版,第433—434页。

事适当分离的原则,对"国家干部"进行科学分类,对审判机关的领导人员和工作人员要建立类似国家公务员的制度进行管理。1988年,最高人民法院在第十四次全国法院工作会议上提出法院人事管理制度的改革思路,建立法官的资格考试、逐级遴选制度,建立法官的考核与奖惩,建立适应审判工作特点的法官晋升与管理的新体制,旨在建立具有中国特色的社会主义法官制度,既不同于普通党政机关工作人员,也不同于普通专业技术人员的管理制度。1995年,八届全国人大常委会第十二次会议通过了《法官法》,保障了法官依法独立行使审判权。《法官法》的通过,拉开了法官职业化建设的序幕,是整个法院人事制度改革中具有标志性意义的事件。

三、中国式司法现代化的初步探索

改革开放以后,经过近 20 年的艰苦努力,我国人民司法制度得到了迅速而全面的发展。但是,随着社会主义市场经济的不断发展和社会转型的日渐加剧,我国司法体制开始暴露出越来越多的问题。例如,受市场经济的负面影响,司法腐败问题日益突出;在地方政府部门掌握司法机关人财物管理权的情况下,司法地方化、司法不独立现象越来越严重;随着诉讼案件的不断增加,司法体制在运行过程中逐渐暴露出机构臃肿、职能重叠、人浮于事、司法不公、司法效率低下等一系列问题,这些问题引起了社会各界的强烈不满。在这种背景之下,1997 年 9 月党的十五大将依法治国确定为治国基本方略,并明确提出"推进司法改革,从制度上保证司法机关依法独立公正地行使审判权和检察权,建立冤案、错案责任追究制度。加强执法和司法队伍建设"[①],从而揭开了司法体制改革新的一页。1997 年底,江泽民在全国政法工作会议上对践行依法治国基本方略做了

---

① 江泽民:《高举邓小平理论伟大旗帜,把建设有中国特色社会主义事业全面推向二十一世纪》(一九九七年九月十二日),中央文献研究室编:《十五大以来重要文献选编(上)》,人民出版社 2000 年版。

更为具体的阐述,指明司法改革是贯彻依法治国方略的工作举措之一,要加快司法改革的步伐,从制度上保证司法机关依法履行职责,逐步形成有中国特色的社会主义司法体制。"依法治国,建设社会主义法治国家"在九届全国人大二次会议时被写入了宪法,这是新时期党和国家的一项重大战略决策,当代中国的司法体制获得了强大的改革动力,也充分展现了司法体制改革之于国家发展战略的重大意义。

为了贯彻落实党的十五大的部署,最高人民法院于1999年10月20日颁布《人民法院五年改革纲要》,这是指导人民法院推进司法改革的重要文献,阐述了人民法院改革的目标和原则,人民法院的内部人事制度要深化改革、法院的内设机构要科学设置、审判组织形式要符合审判工作的规律与要求、审判方式也要进一步深化改革。"改革纲要"提出了未来五年内进行司法改革的基本任务,如改革和完善法院管理、法官管理制度,推行审判长和独任审判员选任制,试行对司法人员分类管理。具体体现在以下几个领域:第一,完善审判权力的运行机制,加强制度建设,继续深化审判方式改革。推行"三个分离",通过立审分离、审执分离、审检分离来优化审判流程管理。严格落实公开审判,实现开庭审理所有的一审案件,提高二审案件的开庭审理比例。第二,推进法官人事制度改革。严格法官职业准入,加强法官的遴选工作,提高法官职业技能和职业道德,加强法官职业保障等制度建设,还提出了法官实行员额制度等具有战略意义的改革措施。第三,继续加大审判组织改革力度。完善合议制度,明确合议庭的组成方式、基本职责和运行机制,强化合议庭审判职能,规范合议庭与院庭长、审判委员会之间的关系,由合议庭独立行使案件的裁判权,改革了审判组织,优化了审判资源的合理配置。最高人民检察院于2000年2月27日颁布了《检察改革三年实施意见》,确定了检察改革的三年目标和具体的改革方案,要强化上下级检察机关之间的领导关系,改革检察机关的组织体系和人事干部的管理机制,提高检察人员的职业素质与能力,同时建立检察官办案责任制;强化检察机关的法律监督职能,改革检察机关的监督制约机制和经费管理机制,建立具有生机与活力的检察机关,更好地履行检察职能①。

纵观这一阶段的司法改革,可以发现司法改革已经成为中国共产党的法权要求,而且已经上升为国家意志,以法律的形式予以确认,这为司法改革提供了坚强的政治保证和国家强制力的保障。司法改革的系统性和计划性明显增强,组织化程度也进一步提升,实施力度也比以往更大。作为全面依法治国战略的重要组成部分和中国特色社会主义法治国家的重要方面,司法改革成为社会主义法治国家建设非常重要的动力来源。

四、中国式司法现代化的统一推进

我国于2001年加入世界贸易组织,迎来了全新的政治、经济、文化以及法律的发展环境,人民群众的司法需求也日益增长,我国相对落后的司法体制、司法理念、司法能力以及相对匮乏的司法资源越发难以满足,双方之间的矛盾日益凸显。在这种背景之下,2002年11月,党的十六大提出"推进司法体制改革"作为落实依法治国基本方略的重大举措并作出相应部署,提出要完善司法机关的机构设置、职权划分和管理制度,改革司法机关的工作机制,逐步实现司法权与司法行政权之间的分离。加强对司法的监督,惩治司法领域中的腐败现象,保障人民群众的合法权益。建设一支政治坚定、业务精通、作风优良、执法公正的司法队伍。②

党的十六大对司法体制改革进行了重要部署,中央政法委员会也成立了具体负责领导和部署司法体制改革工作的中央司法体制改革领导小组(下文简称"中央司改小组"),由中央政法委书记担任组长,公检法司和相关部委的领导担任组员,这是党的历史上首次成立专项小组专司司法体制改革事宜。中央司改小组于2004年底牵头制定了《关于司法体制和工作机制改革的初步意见》,从改革和完善诉讼制度和诉讼收费制度,切

---

① 吴兢:《高检〈检察改革三年实施意见〉公布实施 主诉检察官责任制全面推行》,《人民日报》2000年2月18日。
② 江泽民:《全面建设小康社会,开创中国特色社会主义事业新局面》(二〇〇二年十一月八日),中央文献研究室编:《十六大以来重要文献选编(上)》,中央文献出版社2005年版。

实解决方便人民群众诉讼,加大人民法院判决执行力度和法律援助的力度,完善司法监督体制,确保司法公正等十个方面,提出了 35 项司法体制改革任务①。

党的十六届四中、六中全会以保证司法公正为目标,强调要加强和改进党对政法工作的领导,积极推进司法体制改革,发挥司法维护社会公平正义和社会和谐的作用。党中央关于司法体制改革的系列部署与阐释,代表着党的中央领导集体没有对司法领域存在的问题视而不见,而是对之有清醒的认识,并深刻认识到其中的复杂性和艰巨性,重要会议一再部署与推进的措施具体且具有可操作性,确保司法体制改革在政治、组织和思想上的有力保障,推动司法体制改革沿着正确的方向稳步前行。

最高人民法院于 2005 年 10 月 26 日颁布了《人民法院第二个五年改革纲要(2004—2008)》(简称二五改革纲要),这是为了贯彻党中央部署的司法体制改革任务,完善人民法院的司法权力的运行机制,提高司法能力与水平,确保在全社会范围内实现司法公正而制定的指导司法体制改革的重要文献。"二五改革纲要"确定了人民法院司法改革的基本改革任务,主要包括:一是改革死刑核准制度。全国高级法院死刑二审案件全部实现开庭审理,最高人民法院统一行使死刑核准权,确保死刑案件的审理质量。二是完善民事再审制度。2007 年通过的新《民事诉讼法》回应了人民群众"申诉难""申请再审难"的诉求和期待,推动了民事再审制度的改革与完善。三是改革和完善执行制度。新《民事诉讼法》对执行案件的管辖制度做了完善且保护了当事人执行案件的管辖选择权;提高了执行工作的效率,建立了当事人督促执行和立即执行制度;完善执行异议之诉,维护当事人合法权益。四是完善审判组织制度。健全审判委员会的机构设置和运行方式,在部分高级法院和中级法院分设民事和刑事专业委员会,完善人民陪审员制度等②。最高人民检察院于 2005 年 9 月也颁

---

① 参见本刊记者、王胜俊:《中国司法体制改革与人权保障——访中央政法委秘书长王胜俊》,《人权》2006 年第 2 期。
② 陈永辉:《人民法院启动新一轮全面改革 50 项措施将司法改革推向新阶段 最高法院发布二五改革纲要》,《人民法院报》2005 年 10 月 27 日。

布了《关于进一步深化检察改革的三年实施意见》,要求通过不断深化检察改革,完善检察体制和检察工作机制等制约检察工作发展的体制性、机制性障碍,全面提高检察人员的素质和能力,增强检察机关的法律监督能力,建设具有中国特色的社会主义检察制度。以人民群众反映的突出问题和制约司法公正的关键领域为重点,从检察机关的组织体系、业务开展、人员管理、经费保障等几个方面提出了共计36项具体改革任务,涉及检察体制改革的一些深层次问题[①]。

这一阶段开展的司法体制改革是在中央司改小组的统筹协调下进行的,这是我们党首次以专项小组的形式来推动司法体制改革,可见司法体制改革在我们党依法治国战略中的基础性地位。这一阶段的司法体制改革一定程度上触及了深层次的体制问题,但与人民群众日益增长的司法需求相比还远未满足,一系列出台的司法体制改革举措,奠定了深化司法体制改革的重要的基石。

五、中国式司法现代化的逐步深化

党的十七大于2007年10月召开,从中国特色社会主义的战略高度和事业全局的视野,作出了"进一步深化司法体制改革"的战略部署,将"优化司法职权配置"和"规范司法行为"确定为两大重点任务,主要目标在于建设社会主义司法制度,确保审判机关和检察机关都能依法独立行使司法职权,从而真正实现司法公正与高效,提高司法的公信力与权威性。党的十七大关于司法体制改革的论述,标志着党中央自十五大提出"司法改革"以来,改革的方向更为明确,改革的思路更为清晰,改革的决心更为坚定。中央司改小组在2008年底的时候也制定了《关于深化司法体制和工作机制改革若干问题的意见》,对司法体制和工作机制改革的主要任务进行了周密部署,为今后一个时期的司法体制改革指明了重点,将

---

① 新华社电:《〈人民检察院第二个五年改革纲要〉昨日发布》,《楚天都市报》2005年10月27日。

司法体制改革推向新的发展阶段。

在党中央的坚强领导下,最高人民法院始终把握正确方向,坚持与时俱进,积极稳妥推进司法体制改革向纵深发展。2007年12月召开的第十九次全国法院工作会议,对深化人民法院司法改革部署了四项改革任务:一是理顺上下级司法机关纵向的领导与监督关系,明确上下级法院之间的审级监督关系,根据不同审级法院的司法定位健全审判工作机制。二是理顺司法机关之间的横向关系,确保公安机关、检察机关、审判机关和执行机关之间分工合作,既相互配合又相互制约的关系。三是规范司法行为,加强司法监督,建立司法人员行为规范的长效机制,规范司法人员自由裁量权的行使,加强司法管理和司法权运行监督机制建设。四是改革司法机关的人、财、物保障机制。深化司法机关人事制度改革,完善司法人员的选拔、任用、培训、考核、惩戒等制度,推动司法人员的专业化、职业化改革,同时改革和完善司法机关的经费保障机制。

最高人民法院在2009年3月发布《人民法院第三个五年改革纲要(2009—2013)》(简称三五改革纲要),从满足人民群众司法需求出发,以促进社会和谐为主线,从人民群众不满意的实际问题入手,紧扣司法关键环节,从法院审判、执行、人事管理、经费保障等各个层面系统部署了30多项法院改革措施,涉及132项具体改革任务。优化人民法院的职权配置,改革人民法院的经费保障机制,加强司法人员的职业化队伍建设,落实宽严相济的刑事司法政策,推动建设完善的社会主义审判制度,从而让人民法院相对不足的司法资源与力量更好地服务于人民群众日益增长的司法需求。"三五改革纲要"确立的兼具宏观性和导向性的改革目标和落实方案,体现了中国共产党深化司法体制改革的意愿和要求,为市场经济的发展提供可靠的司法保障与和谐的外部环境。最高人民检察院于2009年2月颁布了《关于贯彻落实〈中央政法委员会关于深化司法体制和工作机制改革若干问题的意见〉的实施意见——关于深化检察改革2009—2012年工作规划》,明确了检察改革的目标与任务。优化配置检察职权,完善检察机关法律监督的范围与程序,同时规范检察机关的司法行为,完善对检察机关的监督制约制度;加强人权保障,创新检察工作机制,完善检察机关的组织体系和队伍建设,落实与改革检察机关的经费保障体制,从而确保检察机关依法独立公正地行使司法职权,建设公正、高效、权威的社会主义检察制度。

这一阶段的司法改革在党中央集中统一领导下,根据《中央政法委员会关于深化司法体制和工作机制改革若干问题的意见》的总体部署,最高司法机关强化组织领导,积极制定工作细则,完善衔接配套机制,认真落实各项改革措施。各地区把握总体工作进程,通过全面落实司法体制改革的各项任务,注意总结和推广好的经验和做法,协调解决困难和问题,建立和完善与当地经济社会发展相适应、运行科学高效、资源配置合理的司法工作体系,保证了各项改革任务的顺利完成。

第三节 中国式司法现代化取得的初步成就

司法改革是最深层也是难度最大的体制性改革,包括司法机关外部关系、司法机关之间以及司法机关内部的机制性改革,经过十多年持续不断的努力与坚持,在党中央的大力支持和中央司改小组的领导、部署下,在最高人民法院和最高人民检察院的大力推动下,我国司法改革取得了明显成效。具体说来,现行司法体制改革所取得的初步成就主要包括以下几个方面。

一、完善了司法与党的领导、人大及行政之间的外部关系

我国宪法规定了人民法院和人民检察院依法独立行使审判权和检察权,司法机关能否依法独立地行使司法权,这取决于司法与党的领导、人大、行政之间的外部关系是否得到了妥善的处理。

在长期的革命战争时期和新中国成立初期,中国共产党对司法工作

的领导表现为直接指挥司法工作,尤其在实行"党的一元化领导"后,党委审批案件这种以党权代行司法权的制度便得以延续下来。1979年颁发的"64号文件"指出党内很多同志身上存在的以党代政、以言代法、有法不依的不良习惯与做法,严肃地批评了这种忽视社会主义法制发展的错误倾向,要求各级党委摒弃否定法律、轻视法律的错误思想,改变不按法律规定办事、包揽司法行政事务的错误做法。文件明确废除党委审批案件的制度,提出各级党委要确保人民法院、人民检察院独立行使司法权,发挥司法机关的作用,切实保障法律实施。1982年党中央《关于加强政法工作的指示》,再次明确党委对政法工作的领导主要体现在政治领导、组织领导和思想领导,从方针政策、人事和思想教育方面监督政法机关依法办事。党的十五大提出了依法治国的基本治国方略,中国共产党要依法执政,以法治的理念、方法和程序带领中国人民有效地治理国家,推进国家政治、经济、文化和社会生活的法治化、规范化。这些改革的措施和实践体现了我国政治文明的重大进步,是我国司法体制改革取得的标志性成果。

人民代表大会制度是我国的根本政治制度,我国"八二宪法"对人大与司法机关的关系进行了重大改革,明确了司法机关的权力来源于各级人民代表大会的授予,各级司法机关向同级人大报告工作并接受其监督,同时确立了人大对司法机关的人事任免权。但是,20世纪80年代兴起的人大对司法机关的"个案监督",即部分地区人大常委会领导直接对法院个案发表处理建议,致使司法机关独立行使司法权受到严重影响。2006年8月27日,十届全国人大第二十三次会议通过的《各级人民代表大会常务委员会监督法》(下文简称《监督法》),以法律的形式停止各级人大常委会对法院审判的个案监督,规定其主要从审议司法机关的工作报告、询问和质询以及人事任免等方面对司法机关进行工作监督,而且通过司法解释的备案制度来监督最高人民法院的司法解释是否合宪合法。

《监督法》明确了人大对司法机关的监督主要以促进和支持司法机关的队伍建设和机制创新,优化司法环境,通过人大代表建立司法机关与社会公众沟通的桥梁,从而充分发挥司法机关的司法职能。

司法与行政合一是中国延续千年的政治文化传统,在漫长的封建社会,皇帝是国家最高行政权威和司法裁判者,地方行政长官兼理司法审判事宜;在新民主主义革命时期,边区法院也是边区政府的内设部门,在边区政府领导下开展工作。哪怕是在新中国成立初期,各级人民法院也是各级人民委员会或人民政府下属的部门,这也形成了我国长期以来司法隶属于行政的政治传统,这种根深蒂固的政治法律文化传统,某种程度上影响了我国司法现代化的历史进程。虽然"五四宪法"确立了在人民代表大会制度下"一府两院"的政治格局,在机构、职能和人员上彼此独立,司法机关与人民政府同属国家机关,分工协作并相互监督,即便如此规定,但在实践中法院的设置仍然需要行政机关的批准,各级人民法院的办公机构、人员编制以及助理审判员的任命等均由司法行政机关负责。而且实行多年的高度集中计划经济体制和"分灶吃饭"的财政体制,使得司法权与行政权保持着非常紧密的联系。"八二宪法"以宪法形式为司法权独立于行政权奠定了宪政基础,随后人民法院行政审判庭的设立以及《行政诉讼法》的颁布实施,标志着司法机关拥有了对行政机关行政行为的司法审查权,建立了司法制约行政的制度安排。

二、优化了政法机关内部的司法机制

新中国成立后,"五四宪法"确立了公安、检察院和法院三机关互相配合与相互制约的关系,但为了解决相对紧张的财政困难,也便于更快速有效地进行"镇反"工作,公安、检察院、法院三个机关长期合署办公。"文革"期间,人民检察院一度被撤销,由公安机关代为行使检察职权。党的十一届三中全会以后,才重新恢复设置人民检察院,"八二宪法"再次确立了公检法三机关之间形成"分工负责、互相配合、互相制约"的关系格局,检察机关是法律监督机关,监督公安机关的侦查活动和人民法院的审判活动,《刑事诉讼法》在1996年修改时,将职权主义的庭审模式改革为对抗主义的庭审模式,抗辩式的诉讼模式相比较纠问式的诉讼模式,对证据标准有了更高的要求,这也增强了司法机关之间的独立性。

在体制上,上下级人民法院之间是审级监督关系,上下级人民检察院之间是领导关系。在以往的司法实践中,上下级人民法院之间的审级监督关系时常被异化为领导关系,上级法院指导下级法院的案件审理,下级法院也以"案件请示"的形式向上级法院请示个案的具体处理意见,这加剧了人民法院内部的行政化倾向。为了维护公正合理的诉讼秩序,保证审级独立,维护当事人合法的诉讼权利,全国人大常委会通过刑事、民事和行政三大诉讼法的修改,优化了上下级法院之间的职权配置,明晰了审判权与执行权的权力界限,由最高人民法院统一行使死刑核准权,由高级人民法院统一管理辖区内执行工作等,这些都是法院内部运行机制改革的重要举措。

人民群众的法治意识和依法维权的意识随着改革开放在更为广阔范围内的推进而日趋增强,案件数量急剧增长,原先法院自收、自审、自判、自执的工作体制已无法适应不断出现的新形势与新情况的要求,各地法院相继进行了立审分立、审执分立、审监分立的机制性改革,成立了执行庭和审判监督庭,形成了"统一立案、分类审判、集中执行、专门监督"的工作机制,强化了审判的自我监督,确保司法公正。2003年以后,法院开始了信息化建设和审判流程的优化,使法院内部职权分工更为合理,确保审判工作高效运行。

三、加强了司法机关人、财、物等资源保障

司法机关的司法人员大众化一直是理论界诟病我国司法体制落后的一个重要方面。但是,在司法体制改革的推动下,尤其是随着《法官法》《检察官法》的贯彻落实和统一司法考试制度的建立,不仅法官、检察官、律师的职业准入标准走向统一,而且法官、检察官的法律专业素质也得到了加强。这无疑有助于我国提高司法人员的职业化、专业化程度。从我

国司法人员的学历变化就能看到这一点。据统计,截至1994年,全国没有达到法律专业大专程度的法官,大约有近一半①。而在我国实施了统一的司法资格考试制度以后,再加上全国各地司法机关加大了司法人员的培训力度,采取了鼓励司法人员在职攻读硕士学位甚至博士学位的措施,我国司法人员的学历水平明显得到提高。据统计,截至实施统一司法考试次年的2003年2月底,全国法官大学本科学历人数增加了58.8%,硕士、博士学位人数增加了137%②,整体素质不断提高的法官队伍,为公正高效地审理不断涌现的新类型疑难案件提供了强有力的人才保障。人民检察院检察官的学历层次也有了相当大的提高。法官、检察官队伍结构明显优化,学历水平和业务素质都得到较大幅度的提升,司法水平也不断提高。

为了更好地保障司法机关尤其是中西部地区县级司法机关的经费供给,确保各地各级司法机关的正常运行,财政部曾要求各地制定政法经费保障的管理办法和基本标准,凡地方财政无法达到基本的司法经费保障标准,由省级财政和中央财政通过专项转移支付的方式予以补助。多年来,中央和地方财政大幅度增加了司法经费的供给,为政法机关提供更多的物质方面的保障。在经费得到保障的情况下,不仅全国司法机关的硬件设施、办公条件得到明显改善,而且全国司法机关加大了对司法人员的在职教育和岗位培训力度,法官和检察官可以在职接受学历学位教育和业务方面的轮训,这些措施极大地提升了司法人员的学历层次和业务能力,使政法工作更加适应经济社会发展的要求③。

四、完善了审判方式和司法监督机制

司法活动作为一种高度个性化的活动,其个人决策更加符合司法活

---

① 参见石茂生:《法律职业化与法律教育改革》,《河南省政法管理干部学院学报》2002年第4期。
② 参见袁祥:《法官队伍建设迈向职业化》,《光明日报》2003年4月4日。
③ 参见中央司法体制改革领导小组办公室:《坚持和完善中国特色社会主义司法制度的成功实践——党的十六大以来司法体制机制改革取得明显成效》,《人民日报》2007年9月23日。

动的性质,也更有利于司法的公正。正如马克思所言,"法官除了法律之外就没有别的上司"①,但是司法实践中,我国司法运作却呈现出某种程度的行政化倾向。为此,去行政化一直是司法体制改革的焦点问题。从最高人民法院和最高人民检察院推行的改革措施来看,法院改革审判委员会制度和案件审批制度,检察院加强检察委员会工作和建立检察官办案责任制,均致力于完善司法管理体制和权力运行机制。通过司法体制改革,我国司法机关的管理制度开始走向科学,最突出的表现就是,无论法院管理制度改革还是检察管理制度改革,通过司法业务管理与司法行政管理之间的分离,能够在相当大的程度上确保司法人员在办案过程中免受行政事务的不当干预,从而为司法活动营造相对独立的空间,增强司法的独立性。另外,随着法官法、检察官法的贯彻落实以及统一司法资格考试制度的推进,人民法院和人民检察院都形成了以任职、培训、考核、辞退等为主要内容的人事管理体系。

  良好的司法监督体制是促进司法公正的重要因素。最高人民法院和最高人民检察院通过深化监督体制改革,取得了明显效果。全国法院依法认真对待检察机关的法律监督,按法定程序受理检察机关的抗诉案件,及时纠正案件审理过程中存在的程序违法等问题。而检察机关也通过深化检务公开,增加了执法透明度,完善诉讼参与人权利与义务告知等一系列制度改革,促进了司法公正。在强化监督的情况下,再加上日趋合理的管理制度,使司法实践中一些影响司法公正的突出问题得到缓解,例如司法腐败案件随着司法体制改革的不断推进而呈下降的发展趋势。

---

① 《马克思恩格斯全集》第1卷,人民出版社1995年第2版,第180—181页。

THE
FOURTH
CHAPTER

第四章

新时代以来中国式司法现代化的基本理论

党的十八大以来,中国特色社会主义进入了新时代。随着全面依法治国的深入推进,党中央对司法体制改革与司法现代化作出了一系列重大决策部署,中国的司法体制改革与司法现代化在中国共产党的领导下不断深化,司法领域的突出矛盾和问题陆续得以有效解决,司法体制改革与司法现代化取得了一系列重大成果,从而使司法领域发生了一系列重大变革。党的十八届三中、四中全会提出,司法体制改革的目标是要完善司法管理体制和司法权力运行机制,规范司法行为,加强司法监督,建设公正、高效、权威的社会主义司法制度。这从全面推进依法治国的要求和我国司法的实际状况出发,明确了司法体制改革的总体目标是建立公正、高效、权威的社会主义司法制度。具体而特定的目标包括科学与合理配置司法权、规范司法行为,优化司法责任体系建设。具体目标服从于总体目标,又是现阶段衡量与评价司法体制改革的具体标准,更具针对性和科学性。

第一节 新时代中国式司法现代化的目标分析

一、中国式司法现代化的全面深化

党的十八大以来,以习近平同志为核心的党中央继续坚持深化司法体制改革,推进中国式司法现代化。党的十八大报告指出:"进一步深化党的十八届三中全会、四中全会召开后,最高人民法院迅速组织专门力量,结合会议精神制定《人民法院第四个五年改革纲要(2014—2018)》(简称四五改革纲要),以"让人民群众在每一个司法案件中感受到公平正义"为目标,着力解决人民法院内部制约司法能力和影响司法公正的深层次问题,加快建设具有中国特色的社会主义审判制度和审判权力的运行体系。"四五改革纲要"从法院的职级与定位、司法管辖制度、审判权运行机制、司法行政事务保障机制、法院人事管理制度、司法人权保障和涉诉信访改革等多个方面推出一系列具体改革措施和改革要求。要求既要做好重大改革项目的统筹规划,又要尊重地方首创精神,推动制度创新。

在司法体制改革试点方面,最高人民法院于2014年7月18日在上海召开"法官工作量测算与法官员额制改革座谈会",集中研究了法官员额制度改革过程中存在的主要问题,形成了《关于稳妥推进法官员额制改革的建议报告》。2014年8月27日,最高人民法院在青海省西宁市召开第二次"司法改革试点地区法院座谈会",听取了试点地区法院反映的困难和问题。

试点地区法院也积极落实全面深化改革领导小组和最高人民法院的各项部署,上海于2014年7月启动先行改革试点部署会,成为全国首家试点省级行政区,推动落实司法人员员额制改革、司法责任制、司法机关的人、财、物由全市统管等几项重点改革措施,上海司法改革试点推进小组于7月底审议通过了《上海市高级人民法院司法体制改革试点工作实施方案》和《上海检察改革试点工作方案》。上海试点改革主要包括司法人员的分类管理、司法责任制、司法人员的职业保障和司法机关的人、财、物省级统管这四个方面的内容。具体的改革方案有:(1)对司法人员实行员额制管理,用3—5年时间逐步推行司法人员分类管理,法官、检察官等司法官设定比例为33%,司法辅助人员设定比例为52%,司法行政管理人员设定比例为15%;(2)组建市级司法人员遴选(惩戒)委员会,拓宽司法官的选任渠道,从律师、法学学者中择优选任,上级司法机关的司法官从下级司法机关择优选任;(3)建立与普通公务员相区别的职业保障体系,细化司法人员延迟退休制度;(4)建立全市统一的司法经费保障机制;(5)改革审委会制度,推行司法责任制。

上海的司法体制改革试点方案以去地方化、去行政化为重点,以司法人员的改革为突破点。相比较"上海方案","广东方案"提高了司法人员的员额比例,5年内逐步把法官、检察官员额比例控制到39%以下,司法辅助人员比例控制在46%,司法行政管理人员控制比例为15%,所以在员额制推行难度上相对有所降低。"湖北方案"的特色体现在审判委员会制度改革方面,以"观看庭审录像、展示证据、查阅案卷等方式增强审委会讨论案件的亲历性",并限缩了审委会讨论案件的范围。"青海方案"提出要完善司法官选任制度,保留一定比例招录优秀律师和法学学者进入司法官队伍,健全审判委员会、检察委员会委员履职考评机制。"海南方案"建立了司法人员的权力清单制度和廉政档案制度,通过为案件设定终身识别"二维码"来强化司法责任制,并改革审委会制度,将其定位为法官咨询机构。这些试点地区的探索为司法体制改革积累了宝贵的地方经验,为改革举措的全国推行做了非常宝贵的尝试①。

按照《人民法院组织法》《人民检察院组织法》的规定,我国实行司法辖区与行政区划重合的体制,地方各级法院、检察院均按照行政区划设置,地方司法机关的人、财、物由地方财政供给,这样的资源供给体制使得地方司法机关的人、财、物完全受制于地方,给地方党委和政府干预司法活动提供了便利条件。这一轮司法体制改革的意图之一就是打破司法地方化和地方保护主义,改革举措除了设立知识产权法院之外,还包括最高人民法院设立巡回法庭和建立与行政区划适当分离的司法管辖制度。根据中央试点方案,最高人民法院在深圳和沈阳分别建立了第一、第二巡回法庭,是最高人民法院的派出机构,审级和判决效力均等同于最高人民法院。随后,上海、北京分别建立了跨行政区划法院和检察院,探索建立审理跨地区行政诉讼案件、重大民商事案件、重大环境资源保护案件、重大食品药品安全案件,这些都是旨在超脱地方利益对司法权独立行使的干

---

① 参见徐昕、黄艳好、汪小棠:《中国司法改革年度报告(2014)》,《政法论坛》2015年5月。

扰的具体探索。

党的十八届三中、四中全会以后,党中央集中提出了司法体制改革和司法现代化的重要举措,至党的十九大召开,十八届三中、四中全会决定的改革司法人员分类管理等131项司法体制改革任务绝大多数已出台改革意见,其中有的已开始实施,有的进入实施试点阶段,只有不到10项尚在继续调研之中。鉴于深化司法体制改革的决策部署已基本落实,"四梁八柱"的改革主体框架已经基本搭建完成,绝大多数已进入实施阶段,党的十九大对深化司法体制改革又进一步做了设计,从改革的系统性和改革措施实施的有效性考虑,将司法体制改革向综合配套改革这一新的着力点进一步延伸和深入。习近平总书记在党的十九大所作的报告中强调:"深化司法体制综合配套改革,全面落实司法责任制,努力让人民群众在每一个司法案件中感受到公平正义。"①从深化司法体制的主体改革,到以全面落实司法责任制为核心任务的深化司法体制综合配套改革,表明我国司法体制改革的战略思维、战略重点和战略方式发生了调整。根据党的十九大确定的深化司法体制综合配套改革的要求和习近平总书记关于深化司法体制改革的重要指示,2018年1月,中央政法工作会议明确强调,司法责任制改革是司法体制改革的基石,要深入推进司法责任制改革,加快建成权责统一的司法权运行新机制。2020年2月5日,习近平总书记主持召开的中央全面依法治国委员会第三次会议专门通过了《关于深化司法责任制综合配套改革的意见》,为深化司法责任制改革进一步作出部署安排。司法责任制综合配套改革是司法体制改革的重要内容,各级司法机关按照中央的部署要求,纷纷制定了以完善司法责任体系为主要内容的司法体制综合配套改革实施方案,将党中央的决策部署落实到具体的改革措施上,以实际行动推动司法现代化一步步向前迈进。

---

① 习近平:《决胜全面建成小康社会 夺取新时代中国特色社会主义伟大胜利——在中国共产党第十九次全国代表大会上的报告》(2017年10月18日),人民出版社2017年版,第39页。

二、建设公正、高效、权威的社会主义司法制度

公平正义是司法的灵魂和生命,①公正司法不仅事关人民的切身利益,也事关社会的公平正义,还事关全面推进依法治国。② 因此,中国的人民司法要让人民群众在每一个司法案件中都感受到公平正义,这也意味着司法体制改革与司法现代化,要把坚持公正司法、不断提升司法公信力和司法权威作为司法工作的重要价值目标。习近平总书记指出:"深化司法体制改革,一个重要的目的是提高司法公信力,让司法真正发挥维护社会公平正义最后一道防线的作用"③。2014 年 10 月 23 日,党的十八届四中全会通过的《决定》指出,全面落实依法治国基本方略,加快建设社会主义法治国家,必须"完善司法管理体制和司法权力运行机制,规范司法行为,加强对司法活动的监督"④。这意味着我国全面深化司法体制改革与司法现代化,必须以构建公正、高效、权威的社会主义司法制度为任务。

首先,以构建公正、高效、权威的社会主义司法制度为任务是由司法体制与司法制度之间的关系所决定的。从理论上说,司法体制只是司法制度的一部分,我国司法实践中存在的各种问题主要是由司法体制引起的,这是全面改革司法制度的重要基础性工作。在司法资源有限的情况下,我国只有先抓住司法体制这个主要矛盾,才能寻求司法制度的整体性突破。基于司法体制与司法制度之间的种属关系,全面深化司法体制改革必然应当以构建完善的社会主义司法制度为任务。按照党中央的部署,完善的社会主义司法制度,就是公正、高效、权威的社会主义司法制度。我国在全面深化司法体制改革的进程中,应该及时做好改革成果的

---

① 习近平:《论坚持全面依法治国》,中央文献出版社 2020 年版,第 25 页。
② 参见习近平:《论坚持全面依法治国》,中央文献出版社 2020 年版,第 146 页。
③ 中共中央文献研究室编:《习近平关于全面依法治国论述摘编》,中央文献出版社 2015 年版,第 78 页。
④ 《中共中央关于全面推进依法治国若干重大问题的决定》,中国人大网 http://www.npc.gov.cn/npc/c2597/c30274/c30280/201905/t20190521_206813.html。

固化工作,将取得成功的司法体制改革措施通过立法的方式转化为具体的司法制度。

其次,以构建公正、高效、权威的社会主义司法制度为任务是确保我国司法制度的社会主义方向的需要。尽管我国司法体制与西方国家的司法体制在维护社会公平正义、保障人权和定分止争方面具有许多共同的特点,而且西方国家的司法体制也的确具有诸多可借鉴之处,但是我国人民民主专政的社会主义国家性质决定了我国在全面深化司法体制改革中不可能完全照搬照抄西方国家的司法体制,而必须毫不动摇地坚持社会主义方向。为了确保我国司法体制改革始终沿着社会主义方向前进,我们必须明确全面深化司法体制改革的目标是构建公正、高效、权威的社会主义司法制度。

最后,公正、高效、权威本身是深化司法体制改革的内在目标。尽管我国深化司法体制改革的措施多种多样,但是万变不离其宗,其内在目标是实现司法公正、司法高效和司法权威。例如,我们将司法职权的科学配置、司法行为的规范与约束等作为全面深化司法体制改革的重要方面,就是为了确保司法的公正性。我们改革涉诉信访制度,推进诉访分离,实行诉讼终结制度,一个重要的目的就是要提高司法的权威性。

在法的价值体系里,司法公正是司法的核心价值目标,是司法的生命线,是司法改革成效评估和制度选择的首要价值标准。司法效率是司法公正的重要保障,也是体现司法公正的评判标准。司法权威是司法公正和司法效率实现状况的衡量标准,是当事人对司法现实效果的积极评价。可见,司法的公正、高效、权威,是内在统一、相辅相成的一个整体。

(一)保障司法公正

自近代以来,法律保障着人类社会的平等、自由、安全和秩序,是维护和实现正义的手段,司法是国家权力通过适用法律实现定分止争的最终方式。所以,司法必须以公正为根本的价值追求。

公正,即公平正义,在中国的传统文化语境中包括惩恶扬善、是非分明、态度公允、利益平衡等内涵,一般都将其与正义同义使用。一般认为,在西方,公正与正义作为一种古老的观念最早产生于古希腊时期,希腊早期的思想家中,苏格拉底和柏拉图曾经把理性作为公正的最高准则进行阐释,苏格拉底认为理性是一种永恒的东西,由一个永恒不变的理性可以判别公正与不公正。柏拉图认为人的心灵是由理性、意志和情感三个部分构成,分别对应着真、善、美三种精神状态,当理性支配意志和情感时,人们就获得了真善美的德性,也就获得了正义。后来亚里士多德继承和发展了柏拉图的正义思想,从社会伦理的角度出发指出,正义或公正是一种涉及人与人之间关系的社会美德,在人的各种德性中,唯有公正才是关心他人的善。同时,亚里士多德认为,"公正就是为了自足存在而共同生活,只有自由人和比例上或算术均等的人之间才有公正"[1]。一直到近现代,正义和公正都是西方思想家不断探索的重要命题,洛克提出正义即"自由"的观点,认为自由是正义的本身内涵。卢梭也把正义定义为自由,分为源于事物理性的自然正义和与公共利益相一致的约定正义。庞德从满足社会需要的角度把握正义问题,认为"正义并非指个人的德行,也不是调整人们之间的理性关系,它意味着一种体制对关系的调整和对行为的安排,它能使生活资料和某种事情的要求手段在最小的阻碍和浪费的条件下满足"[2]。美国思想家罗尔斯的社会正义论被推崇为20世纪社会哲学中最伟大的正义理论。罗尔斯认为,正义是至高无上的,任何理论、法律、制度都应该是正义的,否则就应该被抛弃和消灭,每个人都具有基于正义的不可侵犯性[3]。

从以上对公正或正义的探索中我们可以看出,无论它们所包含的内容和语义本身有何不确定性,但可以肯定的是,公正或正义一直是古今中外人们孜孜以求的一种美好价值。亚里士多德把正义区分为两个领域,一个是分配领域,另一个是矫正领域。在分配领域,正义旨在恰当地在社会成员中分配权利或义务,表现为立法正义;在矫正领域,正义旨在根据在分配领域中确定好的标准恰当地矫正或弥补受到损害的社会关系,表

---

[1] 亚里士多德:《尼各马科伦理学》,苗力田,译,中国社会科学出版社1974年版,第90页。
[2] 庞德:《通过法律的社会控制——法律的任务》,沈宗灵、董世忠,译,商务印书馆1984年版,第35页。
[3] 参见罗尔斯:《社会正义论》,何怀宏,等译,中国社会科学出版社1988年版,第5页。

现为司法正义。公正性是矫正领域从根本上要致力的目标,也是司法活动的基本目的和重要追求。司法公正是司法工作的永恒主题与最高价值。

所谓司法公正,是指司法机关严格按照有关法律规则和程序办事,不枉不纵,不偏不倚,从而使各种纠纷活动圆满妥善地得到解决。司法公正一般由实体公正和程序公正两个要素构成,实体公正是指司法机关通过诉讼过程就诉讼当事人的实体权利和义务关系所作的裁决或处理是公正的,这种理想结果是"给予每个人应所得"实现,又称结果公正。程序公正,强调的是正义或公正理念在法律程序中的贯彻,是指在诉讼活动过程中诉讼当事人所受到的对待和得到的权利主张机会是公正的。在西方成熟的司法文化中,程序公正被刻意强调,庄严的法庭、庄重的仪式、代表神圣的假发、肃穆的法袍、法槌,为了寻求公平正义所做的这一切,使得司法过程因神秘而显威严神圣。然而,作为人类的普遍需求和社会需要,古老的中华文明酝酿出的传统司法文化却与此有很大的差别。封建时代,传统中国是家国一体化社会,崇尚礼法之治,社会生活重人情世故,缺少规则治理的意识,社会缺乏对公正明确的界定和评价标准。法律知识大多掌握在执政者手中,老百姓的法律知识非常匮乏,因此,即使是依法作出的判决,只要不符合道德习惯,就会被视为不公正的裁判,程序公正意识缺失。直到现在,中国占人口多数的依然是生活在农村的农业人口。因此,我们对公平正义的理解应该与中国社会和文化背景相适应,考虑中国民众的感知力和接受力。我们应该强调实体公正与程序公正的结合,努力争取尽可能地在最大程度上实现实体公正。

实现司法公正,进而实现全社会的公平与正义,是全面推进依法治国背景下深化司法体制改革必须秉承的理念。一方面,全面建设社会主义现代化国家对于公平正义的期待决定了全面深化司法体制改革必须以实现社会公平正义为目标。在全面建设社会主义现代化国家的历史进程中,社会各个方面的利益关系得到妥善协调和解决,需要公平正义的社会环境和法治环境;如果社会丧失公平正义,就容易产生矛盾,进而影响全面建设社会主义现代化国家的历史进程。司法作为化解矛盾、解决纠纷最重要和最终的手段,理应发挥好维护社会公平正义的职能作用,所以必须针对司法实践中存在的诸多问题,全面深化司法体制改革。另一方面,公平正义是司法工作的生命线,决定了全面深化司法体制改革必须以实现社会公平正义为目标。由于司法通常被视为实现社会公平正义的最后一道防线,因此只有在实现公平正义的情况下,社会主义司法才具有解决纠纷的正当性,才会为构建社会主义和谐社会和建设社会主义法治国家提供强有力的司法保障。就司法实践来看,当前仍然存在诸多有损公平正义的现象,如司法腐败、司法低效、执行难等。要想改变这些现象,有必要通过全面深化司法体制改革及司法现代化加以实现。因此,全面深化司法体制改革,实现司法现代化,必须以实现公平正义为目标,发挥司法维护社会公平正义的职能作用。

回顾20多年来中国司法体制改革及司法现代化在司法公正方面的价值追求和实践进程,党的十五大把"独立行使审判权与司法的公正"作为改革的目标,从而保障在全社会实现公平和正义。党的十八届三中、四中全会提出,要求完善确保依法独立公正行使审判权和检察权的制度,优化司法职权配置,规范司法权力运行机制,推进严格司法,加强对司法活动的监督,努力让人民群众在每一个司法案件中感受到公平正义,就是强化了客观真实的实践价值,体现了实体公正的本质要求。

（二）促进司法高效

任何纠纷的存在,都表明当事人之间存在利益冲突,社会关系处于不稳定状态,必须尽早解决纠纷,使失去平衡的社会关系尽快恢复到稳定状态,这是对司法效率的必然要求。当前,我们正处于社会转型时期,案件数量急剧增长,但法官数量却没有显著增长,并且案件涉及的法律关系日益复杂,处理难度明显加大,严重不足的审判力量和相对低下的司法能力难以满足人民群众日益增长的司法需求和对司法公正的期待。因此,努力建设高效的司法体制,成为全面深化司法体制改革的必然要求。

效率是经济学的基本范畴,西方学者的解释是:"当事物的状态在给定的约束条件内时,通过重新改变这种事物的状态使之满足可用的约束条件,已经不可能使任何一个人的处境按照自己的观点来说变得更好时,则说明这种事物所处的状态是帕累托最优状态。"①将其引入司法领域,司法效率主要是指司法资源的投入与办理案件的效果之间的比例关系。从司法实践上看,司法效率包含三层含义:以最快的速度实现司法公正、以最便捷的方式实现司法公正和以最低的成本实现司法公正,以谋求最大限度地解决纠纷,保障社会的公平正义。在古罗马时代,根据尤利法的规定,如果罗马市民之间争议的诉讼程序在18个月内未作出判决,那么该项审判就因时效已过而消灭②。资产阶级革命后,随着市场经济的逐渐形成,市场效率的理念亦反映到司法效率的普遍要求之中,最集中的体现便是迅速裁判,这已演变为现代社会正当程序的基本要求。将司法效率引入司法程序,即是要求作为法律制度的诉讼程序必须是经济的、讲效益的,而不是浪费的、高成本的。烦琐的程序设计和人为的延迟,必然带来当事人时间精力的大量消耗和社会成本的高额支出,形成更多的资源浪费。司法效率的要求,则意在促使所有的诉讼程序朝着最低的成本方向运行,从而不仅为当事人减少费用支出,亦为整个社会减少财富的消耗与浪费。

随着社会的发展,生活节奏加快,人们发现追求初民社会的公正越来越难,需要付出的代价越来越大,逐渐学会了向生活妥协。人们依然关心公平正义,但也开始精明算计"投入与产出是否成正比",特别是现代社会经济飞速发展,时间就是金钱,效率就是生命。司法作为实现矫正正义的机制,必须紧跟时代的脚步,满足社会的需求。司法公正暗含着对司法效率的追求。司法效率最大价值在于通过公权力的介入定分止争,尽快化解纠纷,迅速恢复正义的最初状态,确认并保护诉讼当事人的合法利益,使受到非法侵害的权益获得及时的司法救济,从而实现公平正义,维护社会和谐稳定。纠纷的久拖不决意味着当事人的权利义务关系处于悬而未决的状态,即使经过漫长的等待最终获得公正的判决,可是"迟来的正义非正义",漫长的诉讼过程不仅带来人力、财力的投入,而且会造成长期的

---

① 约翰·伊特韦尔、默里·米尔盖特、彼得·纽曼编:《新帕尔格雷夫经济学大辞典》(第二卷),经济科学出版社1992年版,第497页。
② 朱塞佩·格罗索:《罗马法史》,黄风译,中国政法大学出版社1994年版,第245页。

精神痛苦。

我国三大诉讼法都有关于司法效率方面的规定,如明确规定了侦查、起诉、一审、二审、审判监督程序的审理期限以及适用简易程序条件、范围等,都要求"及时办理审理案件"。人民法院组织法、人民检察院组织法和法官法、检察官法中,也都有关于司法机构的合理设置、司法人员的合理配备以及司法设施的分配适用等体现司法效率的规定。此外,最高人民法院还专门出台了《案件审限管理规定》,规范了审判流程管理,建立了审限跟踪机制,进行了立案、审判、执行"三个分离"的改革,通过修改民事诉讼法进行了申诉和再审程序的改革。这些制度和措施的出台,大大加快了办案进程,提高了司法效率。

尽管如此,我国司法效率还不尽如人意,办事效率低下、案件久拖不决的情况时有发生,引起了人民群众的不满和社会各界的普遍关注。所以,在经济快速发展、人与人关系日益复杂,矛盾日益频发的当代社会,为满足人们期待纠纷尽早得到化解、正义尽快得到实现的期盼,我们要积极探索司法效率提升的综合路径,除在司法体制层面进行改革外,积极探索多元化纠纷解决机制,积极进行司法机关的信息化建设,提高司法工作的科技含量,从而提高司法效率。

(三)树立司法权威

权威指"使人信服的力量和威望"[①],权威的本质是服从,体现了权力和威信的统一,是有权威者基于权力和威信的双重性质而得到服从者的自愿服从。权力构成了权威的价值合理性基础,威信构成了权威的外在保障条件[②]。

司法权威,是指司法机关和司法人员、司法过程和裁判结果,都能得到较强社会公信力和执行力的权威状态。在一定意义上,司法权威是司法公正高效的生成基础,从社会公众角度看,司法权威是对司法公正的评价和检验。司法权威往往使司法过程和司法人员能够排除一切外界的不

---

① 中国社会科学院语言研究所词典编辑室编:《现代汉语词典》,商务印书馆2016年版,第1082页。
② 季金华:《司法权威论》,山东人民出版社2004年版,序言第4—5页。

当干扰,获得民众的信任,使司法裁决获得较强执行力。权威的司法能够增强社会对司法定分止争的信任程度,是使司法成为解决法律争端最有效、最有约束力的方式。在当代中国,司法权威是党的权威和国家权威的重要组成部分,维护司法权威,就是维护党的权威,维护国家的权威①。

造成我国司法权威缺失的原因比较复杂,法治传统的缺失是不可忽视的历史原因。司法体制机制的一些不足,也是造成司法权威缺失的现实因素,主要包括以下几个方面:首先,从体制层面上看,在原先的制度框架下,审判权与检察权的独立行使受到外部环境的干预,导致司法权威受到影响。由于司法机关的人、财、物都受制于地方,地方政府对司法的不当干预就成为可能,司法机关迫于压力在无奈之下也只好牺牲自己独立、公正的审判权、检察权,导致了司法地方保护主义和部门保护主义。从司法机关内部来说,由于我国司法机关是按照行政机关的模式来进行管理的,在上下级司法机关之间、同一司法机关的上下级领导之间,司法行政化较为明显,审判管理模式较强的行政化色彩影响了司法权威的树立。其次,从人员素质来看,司法人员的公正形象是影响司法权威的一个最重要因素。司法实践中存在部分司法人员业务素质不强、办案质量不高,个别案件还出现司法人员因贪污腐败、徇私枉法导致司法不公正的情况,这些都成为当事人和社会公众不信任司法的原因。社会公众不相信法律,也不信赖法院,一旦涉诉,便急忙"找关系""递条子",这就使司法的权威性在民众心中被削弱了。司法的基本职责在于定分止争,保障权利,维护公平。除却了民众对司法的信赖和服从,国家司法权也就失去了"用武之地",正如郭道晖所言"强化司法权威乃法治国家生命之所系"②。在现代法治国家,法律具有至上性,任何组织和个人,包括国家权力的行使,都必须严格在宪法和法律范围内活动,否则必须承担违法的法律后果。而法律能否获得如此的威力,主要取决于纸面上的法律是否是良法,是否适应社会的需要。因此,司法要获得权威,首先必须是良法之治,也就是说司法权威的前提是法律在这个社会中拥有权威,能够获得社会的广泛

---

① 参见公丕祥:《董必武的司法权威观》,《法律科学》2006年第1期。
② 郭道晖:《法理学精义》,湖南人民出版社2005年版,第331页。

信赖和依从。最后,从保障措施来看,司法权威还经常受到挑战。司法作为处罚违法犯罪和解决社会纠纷、冲突的最后一种途径,往往被赋予强制性,以确保法律的严肃性,这也是司法权威的一个特殊促成要素和表现形式。正由于司法中的强制性规则的适用,才使得司法真正发挥定分止争、安稳社会秩序的功能,进而促进和强化司法的权威性。然而实践中,当事人合法权利被侵害,生效判决迟迟得不到执行,案件无限申诉、反复再审,涉诉上访案件数量不断攀升等情况时有发生,使司法权威受到严重损害。

建设权威的司法制度,仅仅凭借司法自身的力量是远远不够的,必须依靠党的领导、人大的支持、政府的关心、社会的理解来实现。特别是必须始终坚持并紧紧依靠党的领导,才能保证司法权威在国家权威体系中的地位,保证司法权威的正确发展方向,保证司法权威发挥应有的威力。第一,维护判决的既判力,改革涉诉信访体制。司法权威的一个重要体现就在于它是现代社会处理纠纷的最终方式,所以维护法院终审判决的既判力就是维护司法权威。我国的涉诉信访制度,严重影响了司法裁判的终局性和权威性,涉诉信访问题是当前影响司法公信、困扰司法工作的一大难题。因此,改革我国涉诉信访制度,确立必要的既判力规则,变"有错必纠"为"依法纠错"势在必行。第二,维护司法的公信力。司法的公信力反映了社会公众对司法活动事实上的信任程度,只有确保裁判是严格依法作出,案件的质量能够经得起历史的检验,才能赢得当事人和社会的信任与尊重。应明确司法责任制,区分法官违法审判责任和审判瑕疵及应承担的责任,在职责范围内对案件质量终身负责。要始终坚持以促进公正、提高效率为着眼点,以公正高效的司法工作,确保司法权威获得长久的生命力。第三,进一步化解执行难,有效实现胜诉人的合法权利。执行难动摇了当事人和社会公众对司法的信赖,是导致司法公信力不高的突出原因,严重损害了司法权威。要增强全社会的法治意识和诚信意识,为解决执行难打下坚实的思想基础;要建立健全以执行案件信息管理系统为依托的国家执行威慑机制,促使当事人自觉履行生效裁判,比如最高人民法院推出的"失信被执行人平台",出重拳有效地破解了长期困扰法院工作的执行难问题。第四,加强反腐倡廉建设,确保司法队伍清正廉洁。

注重预防腐败的制度建设,把司法权力"关进制度的牢笼"里,针对容易滋生腐败的重点领域和关键环节,规范权力行使,加强制度落实。通过事前、事中、事后的司法监督链条,有效杜绝苗头性腐败现象,更加有力地避免司法领域的腐败现象。

第二节　新时代优化司法责任体系建设

一、司法责任制是司法体制改革的"牛鼻子"

司法现代化本质上是司法制度体系的现代化和司法能力体系的现代化,司法责任制是司法制度体系的重要组成部分。建立健全基于中国的法治国情、符合法治发展规律的司法责任制度,是司法体制改革及司法现代化的重要环节。

党的十八大以来,党中央对全面深化司法体制改革做了顶层设计和系统化的部署,着力解决影响司法公正的深层次问题,司法责任制改革是司法体制改革的"牛鼻子",对司法体制改革全局具有基础性和牵引性作用。党的十八届四中全会提出,完善主审法官、合议庭、主任检察官、主办侦查员办案责任制,落实谁办案谁负责;实行办案质量终身负责制和错案责任倒查问责制。党的十九大提出,深化司法体制综合配套改革,全面落实司法责任制,努力让人民群众在每一个司法案件中感受到公平正义。党的二十大再次强调,深化司法体制综合配套改革,全面准确落实司法责任制,加快建设公正、高效、权威的社会主义司法制度,努力让人民群众在每一个司法案件中感受到公平正义①。党的二十届三中全会提出"落实

---

① 习近平:《高举中国特色社会主义伟大旗帜　为全面建设社会主义现代化国家而团结奋斗——在中国共产党第二十次全国代表大会上的报告》(2022年10月16日),人民出版社2022年版,第42页。

和完善司法责任制"。习近平总书记的重要论述和党中央作出的一系列重大决策部署,是司法责任制改革取得重要阶段性成果的根本政治保证,也是进一步全面落实司法责任制,健全以司法责任制为核心的中国特色社会主义司法权力运行体系的根本行动指南。

司法责任制改革涉及司法系统的各个部门,人民法院和人民检察院作为司法权运行的主体,都是按照司法现代化的规律和要求推进司法责任制改革任务的,比如人民法院行使审判权力,更加强调让审理者裁判、让裁判者负责的司法责任机制,深化审判权和执行权分离改革,健全国家执行体制等。

司法制度的现代化,必然要求建立健全相应的司法责任体系。借助司法责任体系的有效运行,保证整个司法体系按照公正、高效原则运行,提升司法效率和司法公信力。党中央强调深化司法责任制改革,是加强党对司法现代化工作领导的重要举措,是推进司法权运行体系和司法能力现代化的重要内容,也是回应人民群众对公平正义新期待的时代课题。

深化司法责任体系改革建设是优化审判权力运行、推进审判体系和审判能力现代化的应有之义。司法责任制改革是对审判权力运行体系的重塑,基本目标是实现"让审理者裁判,由裁判者负责"。改革全面推开以后,各地法院审判权力运行机制改革有序推进,普遍建立"谁审理、谁裁判、谁负责"的办案机制,案件审批制基本取消,法官办案主体地位确立,通过组建各类审判团队,实现了人员配置优化、效能提升,推动了审判执行工作的顺利开展。应该说,严格的司法责任制度是惩罚,也是保护,对于确保审判权、检察权严格依法行使具有重要意义。司法责任有不同层次、不同类型,包括刑事责任、党纪责任、工作纪律责任以及办案差错责任等。从司法实践情况看,长期以来司法差错责任在一定程度上存在责任主体不明、责任性质不清、责任追究不力等弊端,成为责任体系中相对薄弱的环节。改革是遵循"更明晰的司法权力,更严格的责任追究"以及"裁判者负责"的原则,对法官、检察官进行放权的同时,逐步构建符合司法规律、与法官、检察官职业化水平相适应、具有鲜明专业性特征的严格的办案差错责任负责制与追究制,推动形成权责明晰、权责统一、管理有序的司法权力运行机制。

根据责任构成的基本法理,法官、检察官应就其办案职权范围内因故意或者过失导致的办案差错承担办案差错责任。法官检察官的办案责任属于履职责任,为对内责任,其责任形式可以包括减扣收入、暂缓职业等级晋升乃至退出法官、检察官职务等,不涉及对案件当事人承担责任,同时法官、检察官对依法履职的行为享有责任豁免,这是司法独立的基本要求。

强化办案差错责任的负责与追究机制。第一,法官、检察官对办案质量实行终身负责制。规定不同期间的责任追究和制约机制,规范法官、检察官在职期间或者调离乃至退休的责任承担形式。第二,以主审法官、主办检察官办案责任制为切入点强化责任追究机制。独任法官、合议庭法官以及检察官依法行使办案职权时,根据权责统一的改革思路,由上述主体独立承担办案差错责任。但是,将法院、检察院长期以来实行的案件层层把关、责任层层分担的运作模式直接变革为由法官、检察官独立承担,客观上需要一定的适应调整期,也有赖于法官、检察官职业化水平的有效提升以及相应监督管理机制的磨合到位等。强化主审法官和主办检察官这一主体的职责承担,强化责任追究机制,保障办案质量,这一改革举措的初衷在于将最精良的司法人力资源选任为主审法官、主办检察官,在配套构建必要的激励机制和明确赋权的同时,实行更为严格的责任追究机制,反向促进规范办案,避免发生办案差错。责任追究不是目的,通过责任追究机制的完善倒逼司法质量的提升应当是这一机制更加突出的价值所在。对主审法官实行更为严格的责任追究机制可以体现在以下方面:主审法官独任审理的,应当对案件审理全程、全权负责。合议庭审理的案件中首先评判主审法官的责任,其次评判合议庭其他成员的责任。合议审理案件中不当行使主审法官职权导致案件发生差错的,主审法官承担主要责任;经合议庭评议确认的案件发生差错,主审法官承担的责任比例应高于其他合议庭成员,但主审法官评议时持少数意见且意见正确并依职权提请讨论的,主审法官不承担责任等。主任检察官在其行使审核权限的范围发生审核意见错误,应承担相应差错责任。

审判权、检察权的运行是职业化的运作,对办案差错责任的追究亦应坚持专业性导向。第一,对办案错误的认定应坚持专业评判。受限于主观认知的阶段性和局限性,法官、检察官是否需要承担办案差错责任,需要回溯到办案当时的具体环境作出客观公正的考量,不应简单根据事后认知、社会舆论等作为追究责任的依据。第二,由专业机构实施责任认定与追究。对于不影响案件当事人实体权益的办案差错,如法律文书差错、部分证据认定错误,即定性为一般办案差错,一般由司法机关内部检查发现,由司法机关内设的专门监督机构予以认定。对于影响当事人实体权益的严重办案差错,往往通过案件改判发回、当事人申诉信访等途径发现,依托法官、检察官遴选委员会等专业机构实施责任认定与追究。

二、科学合理地配置司法职权

司法责任制改革建设中,科学合理地配置司法职权是前提。司法权是一个健全国家不可或缺的重要权力之一。在我国,自改革开放以来,司法权越来越受到重视,伴随着社会主义法治国家建设,司法权在国家权力系统中的地位无疑会进一步提升。因此,如何科学与合理地配置司法权,是一个值得重视和研究的问题。而要实现司法权的科学与合理配置,首先应当对司法权配置的科学性与合理性作出正确的界定。

司法权配置的科学性,意味着应当按照符合司法特性与规律以及与司法有关的国家权力配置及运行的规律来配置司法权。"科学性"不是空洞的口号,判断司法权配置是否科学,根据就是这种配置是否与司法规律相符合:凡是符合司法规律的,就是科学的;不符合司法规律的,就是不科学的。

司法规律使司法行为或者司法制度在长期实践中反复呈现固定化、模式化的预期效果,特定司法行为、特定司法制度与特定的司法效果之间存在固定的因果联系,这种联系是客观存在的,不是主观想象的,也不以单纯的主观愿望为转移,这就决定了司法规律具有客观性。司法规律是人们在长期司法实践中了解并掌握的规律性认识,人们尊重司法规律,才能调整自己的司法行为、完善司法制度;不尊重司法规律,恣意违背司法规律,就不容易有取得良好效果的司法活动,也难以有良好的司法制度运作。

要实现司法公正,就需要依据结构与功能相互联系的原理,发现与分析对于司法公正具有促进和保障作用的司法权配置制度。司法规律和国家权力的运行规律,涉及不同的司法结构所发挥的不同的司法功能,从而会发现不同的司法权配置对于司法公正的作用存在一定的差异。哪一种特定的司法权配置对于司法公正所能发挥的功能作用是正面的、积极的、肯定的,往往关乎司法权配置的科学性问题。比如,在司法权配置中究竟采取集权模式还是分权模式,哪一种模式有利于遏制国家权力恣意妄为并有利于保障个人自由权利,需要从司法规律和国家权力运行规律中去寻求答案。

司法权配置的合理性,指的是司法权配置要因地制宜、因时制宜,与现实和本土提供的条件相协调。合理的意思是合乎事理,就是要符合理性原则,就此意义而言,尊重客观规律进行制度安排,体现了人类所具有的理性,但当我们将合理与科学并列作为司法权配置的理想目标和评价标准时,合理又具有其特定的内涵。

司法权设置是以科学原则为指导的,但在科学原则之下,为司法权配置提供的方案不一定是唯一的,选择司法权配置方案,依靠的是合理原则。也就是说,在各种制度安排方案面前,既要根据现实因素决定采行哪一个方案,又要根据各种相关因素加以考量,以便决定取舍。

司法权的科学、合理配置,既要服务于司法公正的总体目标,同时也需要满足司法效率的要求。首先,司法权的配置应当有利于促进司法公正的实现。司法权的存在是为了解决社会各种纠纷而设定的重要国家机制,是为人们提供的公力救济的渠道,为了使人们借助这一渠道解决各自的纠纷,这个渠道必须畅通,并且因公正而值得信赖。司法公正的重要性由此凸显。为促进和实现司法公正,司法权的配置应当考虑两方面的功能:一是司法权本身应当具有有限性,防止自身恣意行使;二是司法权对于其他国家权力应发挥约束作用,防止其他国家权力恣意妄为。这两个功能隐含着这样的要求,应当由国家特别授权的专属机关行使司法权,具有独立于其他国家权力的基本属性,从而具有发挥分权制衡作用的条件。其次,司法权的配置还必须考虑司法效率。如何有效分配和充分利用司法资源,是进行司法权配置时应当考虑的问题。司法权的配置不仅涉及司法权赋予哪些机关行使,也涉及司法资源的配置,哪一种制度安排更有利于人力、物力、财力的节约,并且能够发挥最大的司法功效,取得好的法律效果乃至社会效果,是在配置司法权时需要认真权衡和选择的问题。

三、约束与规范司法行为

司法体现了国家的重要功能,国家具有抵御外来侵略、防治自然灾害和维护社会秩序等功能,而司法在维护社会秩序方面具有重要作用。这种作用是国家专门机关及其工作人员通过行使司法权来实现的。司法权是国家权力的重要组成部分,司法权的行使往往涉及公民各种自由权利的保障、限制乃至剥夺,该权力的正当行使,可以实现人们对权力预期的各种功能,维护社会秩序,保障人民的自由权利;若行使不当,就会损害人民的自由权利,造成社会秩序紊乱,使人民丧失对司法的期望。

司法行为是国家专门机关及其工作人员行使司法权处理司法案件的各种活动的总称。要实现司法现代化,司法过程与司法行为本身也要符合现代化的理念与要求。要保证国家权力的正当行使,以满足人民对司法机关和司法人员的期待,使来源于人民的权力不致异化为人民的敌对力量,就必须对司法行为加以规范与约束。司法行为的规范与否,直接关系到司法机关的形象,直接决定着公众对司法机关的评价与认识。虽然规范司法行为被司法机关视为重要工作常抓不懈,但司法行为不规范情况依然存在:一是司法裁量权行使缺乏公开、透明和民主,表现为同案不同判、裁判文书制作粗糙、裁判文书说理不充分等,影响了司法公信力;二是对调解与审判的适用存在误区,片面追求调解率,出现了强调硬调、以拖促调等不良现象,侵犯了当事人的诉权;三是工作作风有待改进,个别司法人员存有侵害当事人合法权益的行为,对整个司法队伍的形象造成一定的负面影响。就我国司法现实来说,规范与约束司法行为已经成为挽救司法权威、修复司法公信力的必要措施。我国社会缺乏深厚的现代法治基础,司法活动需要建立起民众对司法的信心,在民众中培养对司法裁判的信赖感。要提高司法权威和司法公信力,必须要规范与约束司法行为。

司法行为不规范、违反职业道德或者职业纪律甚至存在违反法律,违反司法准则或价值观念的任何行为,都属于司法活动中的越轨行为。有些行为因为有准则在先,其妥适与否很容易判断;有些行为虽然有违现代司法维护、尊崇的价值观念,但并不容易被认定为不正当的司法行为,也就难以得到纠正,因此,确立起明确而有效的司法准则就显得尤为重要。在法治成熟的社会,司法行为因有长期司法形成的优良传统而得到规范和约束,司法传统在规范和约束司法行为方面扮演着一个重要的角色。因此,必须确立司法行为准则,既对当下的司法行为予以规范和约束,也可通过司法准则的长效作用来促进良好的司法行为传统的形成。

近年来,我国司法机关对于规范与约束司法行为给予了相当程度的重视。例如,司法机关纷纷推出错案追究制,并开展"规范司法行为,促进司法公正"专项整改活动等。为了使司法行为规范化,最高人民法院专门制定了《法官行为规范(试行)》,着重对司法过程中容易发生徇私枉法、权钱交易的岗位和容易侵犯当事人诉讼权利的环节加以规范,加强对司法行为的管理,约束法官的审判行为和职务外行为,以期建立起权责明确且相互制约的司法行为规范。

对司法行为加以规范和约束的目的在于保障司法权的正当行使,防止权力被恣意滥用或者懈怠不用,从而保护个人自由权利,使国家职能得以正常发挥。司法人员群体是如何被塑造的,他们的司法意识构造如何,对于司法行为有着举足轻重的影响。因此,改善司法行为需要多种因素相互作用，还应当在司法作风建设、司法体制建设等相关层面加以配套设置和改良，以保持司法权的长期良性运作。

第三节　新时代以习近平法治思想指导司法现代化

一、党的全面领导是中国式司法现代化的根本保证

根据全面依法治国的要求，坚持党的全面领导是我国实施依法治国方略，推进社会主义法治建设的根本保证。党的全面领导要体现在依法治国的全部环节中，即立法、执法、司法都要体现党的领导。在全面深化司法体制改革与司法现代化的进程中，必须坚持党的全面领导。首先，中国共产党作为中国特色社会主义事业的领导核心，是在我国新民主主义革命与社会主义建设的长期实践中逐步形成的。我国宪法已经以根本大法的形式确立了中国共产党的领导地位。坚持党的领导、人民当家作主、依法治国的有机统一，是全面依法治国背景下中国特色社会主义民主政治建设的基本原则和核心要求。中国共产党作为中国特色社会主义事业的领导核心，当然也要成为司法体制改革的领导核心。党的领导可以为司法独立提供强有力的保障，没有党的领导，司法机关不可能履行其维护社会公平正义的职能。其次，坚持党的全面领导是确保全面深化司法体制改革与司法现代化始终沿着社会主义方向发展的重要保证。我国是人民民主专政的社会主义国家，虽然我国司法体制因为存在问题需要深化改革，但是并不能因此而改变我国司法制度的社会主义性质。只有坚持党的领导，才能切实增强司法机关和司法人员的政治意识、大局意识、责任意识，自觉地同党中央保持高度一致，确保党中央的路线方针政策能够在司法工作中得到不折不扣的贯彻落实，才能有效防止国外势力在司法

领域的意识形态渗透,才能保证深化司法体制改革始终保持社会主义方向。最后,坚持党的全面领导是确保深化司法体制改革与司法现代化顺利进行的根本保证。深化司法体制改革是一项牵一发而动全身的重大改革,涉及各个政法部门之间的职权分配和利益调整,涉及诸多法律法规的修改和完善,涉及人、财、物等各个方面的坚强保障,需要调动各方面的力量和积极性。这决定了只有坚持党的统一领导,深化司法体制改革才有可能顺利进行。从党的十五大以来,有关司法体制改革的战略部署,都是党中央作出的,具体的改革举措的落实与推进,也都是在党的领导下进行的。实践证明,如果没有党中央的坚强领导,司法体制改革不可能得到顺利的贯彻落实。

作为一个规范命题,党领导司法不仅包含着党领导司法的必要性,也更多地包含着党对司法领导的限度与方式等问题。在实践中,党对司法的领导不仅与司法权的性质相适应,而且还要依市场经济和法治环境的发展而改变。首先,党对司法工作的领导主要是政治领导、思想领导和组织领导,而不是对具体案件进行定性和处理。依法治国已经成为党治国理政的基本方略,党在宪法和法律范围内活动。我国宪法和法律是在党的领导下制定的,与党的路线、方针、政策具有一致性。遵循司法的相对独立,在某种程度上就是意味着坚持党的领导。其次,各级党委和司法机关内部的党组织不仅要加强思想政治教育,而且还要将监督的核心放在给司法机关推荐领导干部和司法工作人员上,通过监督、管理干部来确保党的路线、方针、政策能够得到贯彻落实。最后,认识到司法机关独立行使司法权的重要意义。党的十八届四中全会采用了"党支持司法"的表述,意味着对司法机关行使司法权给了足够的信任,对于同级党委或者党组织随意干预司法机关办案的行为,上级党委或者党组织也及时进行制止。司法机关系统内的党组织主要从思想、政治和组织上加强对司法工作的领导。加强对司法工作的思想领导,注重培养教育司法机关的党员干部,提高他们的政策水平和思想政治水平,增强司法人员履行司法职责的自觉性和主动性,确保司法工作沿着正确的政治方向开展。加强对司法工作的政治领导,定期监督检查司法机关对执政党的路线方针政策和国家法律的贯彻落实情况,以确保国家政令、法令的统一实施。加强对司法工作的组织领导,遴选政治素质高、业务能力强的司法人员担任领导人员,同时注重司法组织的建设与管理,系统内的党组织不应该也不能直接干预司法过程。

二、以人民为中心是中国式司法现代化的价值情怀

纵观中国共产党百年来的奋斗历程,始终都是为了让人民过上好日子,为人民谋利益,可以说,"以人民为中心"一直是中国共产党的根本立场,也是中国特色社会主义法治建设的力量源泉和价值所在,更是司法体制改革与司法现代化必须坚守的价值情怀。人民是历史的创造者,是推动社会变革的决定性力量。正如习近平总书记指出:"全面依法治国最广泛、最深厚的基础是人民,必须坚持为了人民、依靠人民。"①法治的根基在人民,我国一切权力属于人民,法治建设应保证人民当家作主,坚持和完善人民代表大会制度,引导人民广泛有序地参与社会主义法治建设,使国家法律更为充分地体现人民的意志。法治保障人民权益,公民的基本权利和义务是宪法的核心内容,加大关系人民群众切身利益的重点领域的执法、司法力度,努力从立法、执法、司法等领域维护人民群众的根本利益。人民是深入推进司法体制改革与司法现代化的主体力量,人民的司法需求是推动中国特色社会主义司法发展的内在动力。我国司法体制改革与司法现代化始终坚持以人民为中心,发挥人民群众的积极性和主动性,使之逐渐演化为司法现代化的内生动力。

以人民为中心,践行司法为民是具有中国特色的社会主义司法理念,是现代司法理念的巨大飞跃。党的二十大报告明确指出"人民性是马克思主义的本质属性,党的理论是来自人民、为了人民、造福人民的理论,人

---

① 《习近平谈治国理政》第4卷,外文出版社2022年版,第288—289页。

民的创造性实践是理论创新的不竭源泉"①。重申了中国共产党"人民至上"的执政宗旨。可以说,司法为民是现代司法理念与我国具体国情相结合的产物,是立党为公、执政为民的理念在司法领域的具体体现。经过十余年的实践和发展,司法为民已经成为中国特色社会主义司法理念的重要组成部分。因此,深入推进司法体制改革与司法现代化,必须坚持以人民为中心,尊重人民主体地位,依法保障人民权益。坚持司法为民,不仅是提高司法能力的内在要求,也是衡量司法工作是否能够忠实、全面地贯彻人民意志的标准。② 坚持司法为民必须充分认识到司法权的人民性。司法权的人民性是指司法权来源于人民、属于人民、服务人民、受人民监督的属性,它是由我国人民代表大会制度这一根本政治制度决定的。我国《宪法》第2条规定:"中华人民共和国的一切权力属于人民"。司法权是国家权力的重要组成部分,它也应当充分体现并实践"权为民所用、利为民所谋、情为民所系"。就此意义而言,司法为民理念揭示了人民司法工作的本质和目标,阐释了人民法院、人民法官的性质和宗旨,鲜明回答了"为谁掌权、为谁司法、为谁服务"的问题。

以维护人民的利益为根本,深化司法体制改革与司法现代化,是由社会主义司法制度的人民性所决定的。人民性是社会主义司法制度的本质特征。从根本上说,这是由人民民主专政的国家性质所决定的。根据宪法,我国是人民民主专政的社会主义国家,社会主义制度是我国的根本制度。社会主义制度的本质就是人民当家作主,人民既是社会主义国家的主人,又是一切国家权力的来源。司法机关作为国家政权机关的组成部分,是人民民主专政的重要工具,其权力也来源于人民。社会主义司法制度是我国人民民主专政国家制度的重要组成部分。人民民主专政既是我国国家政权的本质,也是社会主义司法制度的本质。社会主义司法制度的人民性要求决定了司法体制改革与司法现代化必须以人民为中心,正如习近平总书记所指出:"司法体制改革必须为了人民、依靠人民、造福人

---

① 习近平:《高举中国特色社会主义伟大旗帜　为全面建设社会主义现代化国家而团结奋斗——在中国共产党第二十次全国代表大会上的报告》,人民出版社2022年版,第19页。
② 江必新:《论司法为民的内涵及其实践》,《人民司法》2005年第3期。

民。司法体制改革成效如何,说一千道一万,要由人民来评判,归根到底要看司法公信力是不是提高了。"①

三、中国特色社会主义法治道路是中国式司法现代化的必经之路

"独立自主是中华民族精神之魂,是我们立党立国的重要原则。走自己的路,是党百年奋斗得出的历史结论。"②在中国,探索建设社会主义法治,所选择的方向和道路至关重要,关系到发展全局和事业成败。我们立足本国的法治国情和时代需求,在解决法治建设重大时代课题的过程中,开辟出一条中国特色社会主义法治道路。这是一条适合我国发展且行之有效的法治道路。习近平总书记曾旗帜鲜明地指出:"中国特色社会主义法治道路是一个管总的东西。具体讲我国法治建设的成就,大大小小可以列举出十几条、几十条,但归结起来就是开辟了中国特色社会主义法治道路这一条。"③

一个国家走什么样的法治道路,是由这个国家的基本国情决定的。不同的社会历史条件,不同的文化传统、社会习俗、信仰情感与历史发展道路,决定着一个国家法治制度具体的安排。事实上,世界上每个国家的政治制度都是独特的,都是经由历史传承和社会自然选择的结果。西方发达国家的法治模式也是生长于西方特定的经济社会条件、客观的法治国情及历史文化传统中的,不适宜直接移植到其他国家和民族。对于广大发展中国家而言,片面套用西方模式,可能会陷入"邯郸学步"的困境,造成截然相反的结果。过去百年间,亚非拉的许多国家纷纷移植西方发达国家的法治模式,但绝大多数却并未走上发达道路,反而陷入了民生凋

---

① 习近平:《论坚持全面依法治国》,中央文献出版社2020年版,第147页。
② 《中共中央关于党的百年奋斗重大成就和历史经验的决议》,人民出版社2021年版,第67页。
③ 《习近平著作选读》(第一卷),人民出版社2023年版,第297页。

敝的境地,也正是例证。我国是发展中国家,是社会主义国家,我们的社会性质、历史文化传统和社会环境都决定了我们不能移植西方的法治模式。中国特色社会主义法治实践所开辟出来的法治道路,不可避免地会形成具有浓郁中国精神的价值体系和制度逻辑。比如,我国古代的"中庸"①"以和为贵"②的传统,影响了被誉为"东方经验"的人民调解制度和法院调解制度的建立;"民贵君轻"③的观念在现代法治实践中形成了"以人民为中心"④的价值理念,有利于增强国家机关执法为民、司法为民的自觉性。我们在长期的法治建设实践中,把握时代要求、解决现实问题,积累法治建设经验,不断探索、总结、创新,开辟出了一条适合我国国情的中国特色社会主义法治道路。

中国特色社会主义法治道路内涵丰富,党的领导是全面依法治国的根本保证。坚持中国特色社会主义制度是全面依法治国的制度保障,当今世界正经历百年未有之大变局,国与国之间的竞争日益激烈,归根结底是国家制度的竞争,我国能创造出经济快速增长和社会长期稳定这两大奇迹,也彰显了中国特色社会主义制度的显著优越性。全面推进依法治国,法治理论是重要引领和行动指南。作为一种现代文明形态,依法治国要求一切组织和个人的活动范围都必须在宪法和法律内,不得超越或凌驾于宪法和法律之上。依法执政是党治国理政的基本方式,党既要依法治国理政,也要依规管党治党,把两者统一于"四个全面"战略布局之中。中国特色社会主义法治道路旨在解决自身法治实践中的问题,展现出中国特色和中国风格。我们立足当下,着眼长远,始终运用法治思维和法治方式解决改革发展过程中遇到的问题,筑基积势,促进各方面制度更加完善,这才是我们独立自主迈向社会主义法治强国的必由之路。

---

① 引自《中庸》"君子中庸,小人反中庸。君子之中庸也,君子而时中;小人之反中庸也,小人而无忌惮也。""中庸其至矣乎!"详见王国轩译注:《大学·中庸》,中华书局2016年版,第59、61页。
② 引自《论语·学而》"礼之用,和为贵。"详见陈晓芬译注:《论语》,中华书局2016年版,第7页。
③ 引自《孟子·尽心下》"民为贵,社稷次之,君为轻。"详见万丽华、蓝旭译注:《孟子》,中华书局2016年版,第325页。
④ 《习近平著作选读》(第一卷),人民出版社2023年版,第380页。

作为法治现代化重要组成部分的司法现代化,也必须要坚持走自己的路。习近平总书记指出:"司法制度是上层建筑的重要组成部分,我们推进司法体制改革,是社会主义司法制度自我完善和发展,走的是中国特色社会主义法治道路。"①这条路,是中国式司法现代化的道路,是中国共产党领导的社会主义司法现代化之路。评判一个国家的司法制度,主要看是否符合这个国家的国情,能否解决本国的实际问题。习近平总书记指出:"司法体制改革必须同我国根本政治制度、基本政治制度和经济社会发展水平相适应,保持我们自己的特色和优势。"②因此,我国司法体制改革与司法现代化,必须从中国国情和实际出发,而不能照抄照搬别国模式,只有扎根本国土壤、适应本国发展的司法现代化制度与模式,才是有生命力、最可靠、最管用的制度。因此,推进中国式司法现代化,健全与完善中国特色社会主义司法制度,必须高度重视司法发展中的本土资源,"努力实现传统文化的创造性转化、创新性发展,使之与现实文化相融相通,共同服务以文化人的时代任务"③。我国古代法制蕴含着丰富的智慧和资源,推进司法体制改革与司法现代化,在很大程度上是中华优秀传统法律文化有机传承的过程,要在司法现代化进程中实现中华优秀传统法律文化的创造性转化、创新性发展,把司法现代化与中华优秀传统法律文化和中华民族共同的价值理念融通起来,这样司法现代化才能蓬勃发展。

第四节 完善人大对司法机关的监督关系

在我国,人民代表大会制度是最根本的制度安排,人民代表大会是国家的权力机关,居于整个国家权力架构的核心,政府、人民法院和人民检

---

① 习近平:《论坚持全面依法治国》,中央文献出版社2020年版,第147页。
② 习近平:《论坚持全面依法治国》,中央文献出版社2020年版,第148页。
③ 《习近平谈治国理政》(第2卷),外文出版社有限责任公司2018年版,第313页。

察院均由其产生,对其负责,受其监督。

一、人大对司法的监督法治化

全过程人民民主作为人民当家作主的新实践、新机制和中国式民主的新政治文明形态,是对社会主义民主政治理论的重大创新,是中国特色社会主义民主政治的显著特征。2019 年 11 月 2 日,习近平总书记考察全国人大常委会法工委在上海市设立的基层立法联系点时,首次创造性地提出了"全过程人民民主"的概念。2021 年 7 月 1 日,习近平总书记在庆祝中国共产党成立 100 周年大会上的讲话中提出要"践行以人民为中心的发展思想,发展全过程人民民主"。党的二十大报告指出:"全过程人民民主是社会主义民主政治的本质属性,是最广泛、最真实、最管用的民主。"① 全过程人民民主包括民主选举、民主决策、民主管理、民主监督等过程。由此可见,包括人大监督司法在内的民主监督是全过程人民民主的重要过程。而且,人大对司法机关的监督和司法机关独立行使司法权都是我国宪法规定的基本原则,这两个宪法原则如何平衡,需要在制度分析的基础上将人大对司法的监督予以法治化。从司法角度而论,如果人大以监督权名义介入司法个案,参与从立案到裁判执行这一司法过程之中,则相当于其变成"准司法机关",直接行使了司法权,势必会破坏公民权利的司法保障机制。一方面,权力机关与司法机关在工作方式和工作程序上不同。人类文明之所以普遍将权利的救济机制诉诸司法过程,是因为司法过程中对事实的证明和对法律的适用是通过司法程序来运行的,有相当的技术性和专业性,司法的公正不仅指实体上的公正,更是指程序上的公正,程序公正应该能够"证明"实体的公正。人大对司法个案的"纠正"欠缺程序上的制度约束,与司法过程的要求和司法公正的期盼是不相符的。因此,人大监督权行使的正当性要求,人大必须将自己排除

---

① 习近平:《高举中国特色社会主义伟大旗帜 为全面建设社会主义现代化国家而团结奋斗——在中国共产党第二十次全国代表大会上的报告》,人民出版社 2022 年版,第 37 页。

在个案处理的司法过程之外,而不是成为其中某一角色。另一方面,作为国家权力机关的人大,根据宪法、法律,通过对作为国家审判机关的人民法院的系列审判活动及审判人员,组织开展检查、调研、评价等监督活动,会更加有利于树立司法权威,保证司法能够正常运行。有鉴于此,各级常委会设立专门的宪法和法律委员会,从组织上保证监督法能够得到贯彻落实。尤其是考虑到司法是一种专业性非常强的工作,宪法和法律委员会吸收相当数量的法律专家(如法学教授、律师)参与其中。再如,为了提高各级人大对司法机关工作报告的监督效果,专门规定相应的责任制,即对于那些未获得人民代表大会通过的人民法院或者人民检察院工作报告,其院长或检察长应该对本地方的审判工作或检察工作承担领导责任并引咎辞职。

二、司法解释具有合宪性

党的十八届四中全会对人民代表大会制度的完善也做了诸多部署,提出要进一步健全宪法解释机制,完善全国人大及其常委会的宪法监督制度,同时还提出要完善立法体制,推进科学立法、民主立法,并加强重点领域的立法等。对于司法机关而言,只有在健全的宪法解释机制和宪法监督制度的基础上,才有可能彰显公平正义之法律价值,真正拥有独立行使职权的宪法地位。因此说,司法体制改革必须在人民代表大会这一宪法维度内开展,完善的人民代表大会制度是全面深化司法体制改革的外部条件。

在我国的司法实践中,一般都是由最高人民法院和最高人民检察院就司法审判或检察工作当中涉及法律规范的具体适用问题,单独制定司法解释或联合发布相关司法解释。他们制定的司法解释往往是针对某一法律条款,或某一类案件发布相应的处理意见,对全国的司法机关都具有普遍的规范性效力和适用性。这些具有立法性质的司法解释,是否具有合宪、合法性?最高人民法院和最高人民检察院的司法解释制定权是否来源于宪法的授予？《宪法》并未对最高人民法院和最高人民检察院的法律解释职能进行授予与确认；《立法法》也规定："法律解释权属于全国人民代表大会常务委员会。"最高人民法院和最高人民检察院的司法解释权并未获得宪法和立法法的支持。追溯历史可以发现，1979年通过的《人民法院组织法》规定，"对于在审判过程中如何具体应用法律、法令的问题，由最高人民法院进行解释"，这条规定确认了最高人民法院的司法解释权，但同年通过的《人民检察院组织法》却未作相关规定。1981年，全国人大常委会通过《关于加强法律解释工作的决议》，规定："凡属于法院审判工作中具体应用法律、法令的问题，由最高人民法院进行解释；凡属于检察工作中具体运用法律、法令的问题，由最高人民检察院进行解释。"据此，最高人民法院和最高人民检察院拥有了司法解释的制定权，并在司法实践中延续至今。

党的十八届四中全会的《决定》，要求人民代表大会要加强立法解释工作，及时明确法律规定的含义和适用法律的依据。针对司法解释，要求最高人民法院本部集中精力制定和规范司法解释和司法政策，加强案例指导，统一法律适用的标准。因此，全国人大响应党中央关于完善立法体制，加强宪法监督的精神，修改了《立法法》，以宪法或法律的形式明确立法解释权和司法解释权之间的权力边界，尤其对于司法解释，明确规范其制定的主体、制定的程序、司法解释的法律效力和司法解释的适用范围，避免司法机关越权行使人民代表大会的法律解释权，以此维护我国宪法和法律的权威。

三、人大在司法现代化进程中发挥关键作用

全国人大的重要职权是制定和修改有关国家机构的基本法律，人民法院和人民检察院的产生、组织和职权都被《立法法》列为法律绝对保留事项。深化司法体制改革是对现有司法体制不合理、不完善的地方进行改革和完善，如果没有突破，就谈不上改革，这是国家司法制度层面的改

革。全面依法治国,建设社会主义法治中国,要求党和国家依据法律来管理社会事务,保证国家各项工作都能够依法进行。全面深化司法体制改革作为政治体制改革的重要组成部分,必须在法治轨道上进行,严格按照法定的程序进行改革,不能让司法体制改革陷入"非法"改革的境地。全面深化司法体制改革的总体方案和顶层设计由党中央深化改革领导小组作出,经由全国人大的立法程序,将其上升为国家意志的法律后予以贯彻落实,从而使司法体制改革的正当性和实效性得到加强。并且,在全面深化司法体制改革的过程中,以法律的形式将司法体制改革取得的成果固定下来,使之成为全社会普遍遵守的行为准则。

对于司法机关而言,只有在健全的宪法解释机制和宪法监督制度的基础上,才有可能彰显公平正义之法律价值,真正拥有独立行使职权的宪法地位,全面深化司法体制改革必须在人大这一宪法维度内开展。党的十八届四中全会明确提出了健全全国人大及其常委会的宪法监督机制,完善立法体制,加强重点领域立法,推进科学立法、民主立法,为全面推进依法治国背景下的司法体制改革和司法现代化提供更为充分的法律依据与外部支持。

第五节 平衡行政与司法之间的关系

司法与行政之间的关系是非常重要的宪法关系,就我国现行宪法来看,政府、法院和检察院在地位上是平等的,都是由人大产生;在职能上彼此独立,分别向人大负行政或司法责任。但是现实政治实践中,司法与行政之间还是存在不对等的情形,行政权相对居于强势地位,司法权略显疲弱,这种非对等状态的出现与我国传统行政权发达、政治形态分化程度低有相当的关联,成了我们全面推进依法治国的一大阻碍。因此,推动改革政治系统内部司法与行政之间的关系,势在必行。

一、司法机关人、财、物实行省级统管

司法与行政的关系属于现行宪法关系的一个重要构成部分。就现行宪法的规定,法治的权威是立于政府之上的权威,法治所要求的政府权威是置于法律之下的权威①。就社会认知而言,法律权威与司法权威是一体的,没有司法权威就谈不上法律权威。因此,在建设社会主义法治国家的努力中,司法机关在现实关系中略显疲弱的地位不足以支撑它成为一个权威,也难以让人们将其作为权威来对待。

司法机关作为一个实体,也像其他国家机关一样是由人、财、物构成的,但司法机关又不是物质生产部门,它不可能在资源供给上获得自治,所以司法机关要想正常运转,必须要有恰当的人、财、物资源供给机制,避免使司法机关受制于人。之前,我国各级司法机关的资源供给,包括办公设施和人员薪资等经费都是由同级人民政府在财政预算内提供的。现实中普遍存在着各级司法机关与政府财政部门因经费问题的讨价还价现象,这实际上是我国地方政府财政预算执行虚软的表现。我国司法经费缺乏必要的保障,在使用上也缺乏严格的规范性,司法机关可以不受限制地提出经费申请,地方财政部门也可以不受限制地决定是否同意。这样的资源供给关系,让资源供给部门有机会对司法部门施加控制力和影响力,司法意志无法得以自治,司法机关也自然而然地与行政部门形成了相互依附的利益关系,这就为行政干预司法提供了便利的途径。

因此,只有改变司法经费的供给方式,方能规范司法与行政之间相互依附的利益关系。2014年,党的十八届四中全会把"推动省以下地方法院、检察院人、财、物统一管理"作为司法体制改革的基础性、制度性措施之一并加以推进,这对于确保地方司法机关依法独立行使司法权,推动国家法律统一正确实施,具有重要的意义。建立省以下地方司法机

---

① 参见夏恿:《法治是什么》,《中国社会科学》1999 年第 4 期。

关的财、物等司法资源由省级财政统一供给与管理的机制,体现了行政与司法之间刚性的资源供给关系,当然在对地方司法机关的经费上收至省级管理时,应综合考虑与平衡各地的社会经济发展状况,为司法人员的薪资待遇、办公、办案经费等提供不低于现有水平的物质保障。对人的统一管理,主要依托社会各界人士参加的省级法官遴选委员会进行,配套建立法官统一由省级提名、管理并按法定程序任免的机制。例如,上海的司法体制改革方案明确规定,法院工作人员实行市级统管,机构编制统一由市机构编制部门归口管理。上海各区法院、检察院作为市级政府财政部门一级预算单位,向市级财政部门直接编报预算,预算资金通过国库集中支付系统直接拨付。

二、完善行政诉讼体制,增强法院对行政行为的制约

全国人大常委会根据党的十八届四中全会《决定》的精神,修改了《行政诉讼法》,这也是自1989年《行政诉讼法》通过后的首次大幅度修改,降低了立案门槛、扩大了行政诉讼的受案范围,建立跨行政区划的法院受理行政诉讼案件的制度,避免了行政诉讼案件受到行政区划内行政机关的干预与阻碍。修改后的《行政诉讼法》硬性规定了政府机关负责人出庭应诉的义务,并且加大了对拒不执行法院判决的行政机关和直接责任人的处罚力度。行政诉讼法的修改,重点解决了"立案难、审理难、执行难"的问题,规范了行政诉讼的程序,旨在实现案结事了,保护公民、法人和其他组织的合法权益不受行政行为的侵害。

《行政诉讼法》修改之前,行政诉讼的受案范围被限定为"具体行政行为",这次《行政诉讼法》修改,将行政诉讼的受案范围扩大到"行政机关制定的规章以下的规范性文件"。修改后的《行政诉讼法》第53条规定:"公民、法人或者其他组织认为行政行为所依据的国务院部门和地方人民政府及其部门制定的规范性文件不合法,在对行政行为提起诉讼时,可以一并请求对该规范性文件进行审查",同时明确指出该条规定所指的"规范

性文件"不包括规章。第 64 条规定:"人民法院在审理行政案件中,经审查认为本法第五十三条规定的规范性文件不合法的,不作为认定行政行为合法的依据,并向制定机关提出处理建议。"这些法律规定意味着人民法院拥有了对"行政机关规章以下的规范性文件"的司法审查权,这也是党的十八届四中全会《决定》的基本要求,是行政诉讼体制改革的重点内容之一。但是,人民法院对政府的部分抽象行政行为虽拥有司法审查权,并不能直接宣告被审查的规范性文件无效,只能不将其作为认定行政行为合法的依据,同时向制定机关提出相关处理意见,由制定机关决定是否接受人民法院提出的处理意见。本次《行政诉讼法》的修改是全面依法治国背景之下"法治政府建设"的重要举措,督促政府部门依法行政,对政府的具体行政行为和制定规范性文件的抽象行政行为建立完整严密的司法审查体系,从而使一些地方政府制定的减损公民权利、增加公民义务的规范性文件真正纳入司法监督的程序中来。

三、建立公益行政诉讼制度,强化检察机关对行政行为的监督

长期以来,检察机关对于行政行为的监督,主要是通过查办国家工作人员涉嫌贪污受贿或渎职等职务犯罪行为等事后监督的方式进行,基本不涉及对政府违法行为的事前、事中监督。党的十八届四中全会《决定》提出,要探索建立检察机关提起公益诉讼的制度,检察机关在履行职责的过程中发现政府存在不作为或乱作为的违法行为,可以督促政府予以纠正,这是以司法权制约行政权的新的制度构想。从制度设计层面,以立法形式完善检察建议的工作机制,建立检察机关督促起诉制度,从而遏制行政不作为、行政乱作为现象。

在我国的社会生活中,存在着一些公共利益受到损害或受到损害威胁的情况,这些往往是一些社会组织或个人的侵权行为导致,也有可能是政府部门的行政违法行为或行政不作为等导致,但由于没有直接的利害关系人,或利害关系人无法确定,导致无法提起相关诉讼。对

《民事诉讼法》进行修改时,规定了"法律规定的机关和有关组织"可以就环境污染、侵害众多消费者合法权益等损害国家和社会公共利益的行为提起公益诉讼,但并未明晰原告的具体范围,在实际中并不太好操作。党的十八届四中全会提出"探索建立检察机关提起公益诉讼的制度"回应了《民事诉讼法》中原告资格不明这一法律空白。党的十八届四中全会关于《决定》的说明,专门针对行政机关的违法行政行为缺乏有效司法监督这一现状进行了详细阐述,在生态环境保护、国有资源保护、国有资产保护、国有土地使用权转让等领域,如果政府违反法律规定行使职权或违反法律规定怠于履行法定职责,致使国家和社会公共利益受到侵害或遭到侵害威胁的,检察机关可以提起行政公益诉讼。

综合党的十八届四中全会《决定》的相关精神,"探索由检察机关提起公益诉讼"应当包含民事公益诉讼和行政公益诉讼两种情形,检察机关可以针对个人、法人或其他组织侵害公共利益的行为提起民事公益诉讼,督促个人、法人和其他组织规范自身行为,维护国家和社会的公共利益。2024年1月1日正式施行的《民事诉讼法》第五十八条明确规定:"对污染环境、侵害众多消费者合法权益等损害社会公共利益的行为,法律规定的机关和有关组织可以向人民法院提起诉讼。人民检察院在履行职责中发现破坏生态环境和资源保护、食品药品安全领域侵害众多消费者合法权益等损害社会公共利益的行为,在没有前款规定的机关和组织或者前款规定的机关和组织不提起诉讼的情况下,可以向人民法院提起诉讼。前款规定的机关或者组织提起诉讼的,人民检察院可以支持起诉。"修改后的《民事诉讼法》中对民事公益诉讼已有基础性规定。而对于政府部门违法行使权力或怠于履行法定职责的行为提起行政公益诉讼,督促行政机关依法行使职权和履行职责,避免不恰当的政府行为导致国家和社会公共利益遭受侵害或遭受侵害威胁的情况,2017年新修订的《行政诉讼法》第二十五条也明确规定:"人民检察院在履行职责中发现生态环境和资源保护、食品药品安全、国有财产保护、国有土地使用权出让等领域负有监督管理职责的行政机关违法行使职权或者不作为,致使国家利益或者社会公共利益受到侵害的,应当向行政机关提出检察建议,督促其依法履行职责。行政机关不依法履行职责的,人民检察院依法向人民法院提起诉讼。"修改后的行政诉讼法对于检察院提起行政公益诉讼作出了明确规定,行政公益诉讼制度得以实践运行。

第六节　完善公民参与司法的方式

我国《宪法》明确规定"一切权力属于人民"。在我国,人民是国家权力的来源,是国家的主人,有权参加国家各项事务的管理工作。司法权来源于人民,它的产生与运行都应当体现人民主权的宪法原则。党的十八届四中全会《决定》提出要保障人民群众参与司法,加强司法人权保障。

一、完善司法公开机制

司法公开是保障人民群众对司法工作的知情权和监督权的内在要求,是民众参与司法的重要方面。构建阳光司法机制,实行司法公开,必须要在公开和公正这两个基本价值上实现平衡,一方面司法要及时回应社会之关切,及时通过媒体或司法机关的新闻发言人去传播真实、准确的司法信息,另一方面也要引导与规范媒体对于司法案件的报道,防止社会舆论过多地干涉司法个案的审理,减少社会舆论对司法的裹挟,确保司法人员独立行使司法职权,这样的举措有效地实现了媒体的言论自由和司法独立价值之间的平衡。

随着信息技术的不断发展,新媒体的兴起,公众获取司法信息的渠道日益多元化与便捷化,同时也使司法信息的传播速度更为快捷,因此,司法机关加快构建了动态便民、开放透明的司法公开机制。2013年11月21日,最高人民法院印发了《关于推进司法公开三大平台建设的若干意见》,提出推进审判流程信息全面公开、裁判文书信息全面公开、执行信息全面公开。审判流程公开网是深化司法公开的重要举措。当事人通过上网查询就能看到案件到了哪个阶段,司法过程看得见、摸得着、感受得到,方便案件当事人和诉讼代理人参与诉讼,保障了当事人的诉讼知情权。中国裁判文书网自2013年7月上线以来,截止到2023年底,已累计公开超过1.3亿篇裁判文书,成为全世界最大的裁判文书库。中国执行信息公开网自2013年10月面向社会开通,公布全国法院失信被执行人名单信息,这是最高人民法院破解"执行难"问题的重要举措。最高人民法院建设的这三大平台,被视为司法公开取得的标志性成就。

二、规范舆论监督

社会舆论作为人民群众的集合性意见,既是人民群众参政议政的重要途径,又是民主政治的重要体现。社会舆论对司法的监督,主要是指社会民众或者社会组织通过舆论的力量,对司法工作发表意见和看法,或者对司法机关、司法工作人员提出批评或建议,从而促使司法机关依法行使司法权的一种监督形式。我国《宪法》规定公民所享有的言论、出版自由以及对国家机关和国家工作人员的批评、建议权为社会舆论对司法的监督提供了法律保障。在现代社会,由于报纸、广播、电视、网络等大众传播媒介是社会舆论形成的最重要途径,因此社会民众对司法进行监督最主要的形式就是新闻媒体监督或者社会舆论监督。尽管同政党监督、人大监督、司法机关内部的监督相比,社会舆论对司法的监督只是一种非正式的监督,但是我们并不能因此而轻视这种监督方式对司法工作的重要意义。首先,社会舆论监督能够把司法机关及其工作人员置于社会公众的监督之下,从而促使其依法审慎地行使司法权,确保司法公正。其次,社会舆论监督能够把司法权行使的基本程式告知社会公众,使他们可以依据现行法律来衡量司法机关及其工作人员行使司法权的专业性、合法性和职业操守。最后,社会舆论监督能够把司法权行使的过程与结果,通过各种新闻媒体诉诸社会公众,有利于排除影响司法权依法行使的各种干扰因素。

但是舆论监督与司法独立之间很容易发生冲突,尤其是在当下网络新媒体时代。网络的开放性、匿名性,导致网民的网上言论具有前所未有的相对自由,极度自如的表达平台和表达方式,使得网络舆论出现了杂乱无序的现状,从而使舆论监督隐藏极大的风险。网络传媒的个性化倾向使个体意见难免出现偏激和攻击性的言论,导致对司法裁判的随意评判和对司法机关的过度贬损。当媒体对某个案件大肆制造舆论、左右舆论、指导舆论,调动起广大民众的情绪,形成强大的社会公意合流时,实际上就是把法庭推向了社会,法官的独立性和理性就会受到影响,为了求得社会的赞同,片面追求司法的社会效果,法官可能会行使甚至滥用自由裁量权,不断地改进和矫正自己的行为,以期与社会赞同的评价体系相一致,从而使得司法裁判向舆论趋同,这样的判决,看似顺应了民意,实则弱化了司法权威。对于司法机关而言,应该要绝对排除这样的社会舆论对于案件判决的影响,严格适用法律,在推进司法公开制度改革的基础上,对涉案事实进行最权威的法律释明,以权威、准确、客观的声音回应社会关切、澄清事实真相,在公众情感、主观感性与法律规则之间找到平衡点,从而实现公众监督与司法独立之间的良性平衡。

三、完善人民陪审员和人民监督员制度

人民陪审员参与人民法院第一审案件的审判,是人民群众直接参与国家管理事务和司法民主的重要体现。通过人民陪审员参与人民法院的审判,可以对审判活动起到一定的监督作用。一方面,人民陪审员参与审判,可以增加司法的透明度,防止"暗箱操作",从而更好地贯彻落实审判公开原则。另一方面,人民陪审员参与审判,可以督促职业法官更加严格地约束自己的行为和依法办案,进而增加司法的廉洁性。党的十八届四中全会《决定》从增加陪审员数量、扩大陪审员参审范围、完善陪审员遴选

方式、调整陪审员审判职责等四个方面提出了人民陪审员制度的完善措施,以确保人民群众更好地参与司法的运行。

在人民陪审员的选任上,2018年4月27日,十三届全国人大二次会议审议通过了《人民陪审员法》,规定人民陪审员一般应当具有高中以上文化程度,在辖区居民中随机抽取,经资格审查并征求候选人意见后,由司法行政机关会同人民法院随机抽取确定人民陪审员人选,并由基层人民法院院长提请同级人民代表大会常务委员会任命。设立人民陪审员制度的初衷是将陪审视为一种公民权利,如果设置严苛的选任条件和烦琐的选任程序,不可避免地会减损人民陪审员的参与度与代表性。所以,适当增加陪审员数量,降低人民陪审员选任条件和简化其程序,让不同行业、民族和文化程度的公民都能参与司法、表达意见,提升人民陪审员的代表性。严格落实随机抽选陪审员方式,排除人为干扰陪审公正的可能性,确保人民陪审员依法公正独立地行使审判职权。

明确人民陪审员的参审范围和享有的职权。在制度运作实践中,人民陪审员实际陪审的案件较少,应当适当调整人民陪审员参审案件的范围,提高在涉及公众利益案件中的参审比例,尤其对于医疗事故、知识产权等专业性较强的案件,可以建立专家陪审员制度。关于人民陪审员享有的职权,司法实践中,人民陪审员享有与法官同样的审判职权,参与案件的事实认定和法律适用。但事实上,人民陪审员并未接受系统的法科学习与训练,在探讨法律适用问题时常力不从心,出现不敢发表意见的"审而不议"现象。所以,实行人民陪审员只参与事实认定,不参与法律适用,才是符合陪审制度设立初衷和符合司法规律的制度安排。

2004年8月26日,最高人民检察院发布了《关于实行人民监督员制度的规定(试行)》,这是最高人民检察院为了提高执法水平和办案质量,创造性地构建了人民监督员制度。2022年,最高人民检察院、司法部印发了新的《人民监督员选任管理办法》,进一步深化了人民监督员制度改革。新的《人民监督员选任管理办法》将人民监督员监督的范围由原来的检察机关职务犯罪侦查"案件"修改为覆盖"四大检察""十大业务"的人民检察院"办案活动",并完善了监督层级,确保检察院依法公正地履行检察职责,从而维护社会的公平与正义。人民监督员制度是公众参与司法、监督司法的重要制度形式。但是目前人民监督员主要由基层组织推荐,检察机关考察并"邀请"其参与监督案件查办,确保人民监督员的监督产生制度实效。

四、尊重与保障人权

人权是人依据其自然本性和社会本质应当享有的基本权利和自由,尊重与保障人权是现代法治国家法治文明的重要体现。我国宪法明确规定,国家尊重和保障人权。

司法权是现代法治国家中保护私权利、制约公权力的利器,司法程序是社会成员理性维权的基本遵循,司法机关是重要的人权保障的主体,因此,加强人权的司法保障,司法机关必须依法履职,按照法定程序和要求,有力地惩治各种违法侵权行为,避免个人权利遭受非法侵害,对受害人提供强制性权利救济,积极发挥司法机关的人权保障作用,有效地促进个人享有自由和行使权利。对于其他公权力而言,司法既具有维护与支持其依法行使的功能,又具有防范与制裁其恣意行使的功能。加强人权司法保障,司法机关也必须依法制止一些行政机关的违法执法行为,及时对侵犯人权的公权力"亮剑",监督公权力依法行使,从制度上确保行政执法行为和自身的司法行为不侵犯人权,这是法治社会中司法机关的履职使命。

党的十八届三中全会进一步明确了加强人权司法保障的举措,包括完善强化诉讼权利的保障制度,防范和纠正刑讯逼供、非法取证和冤假错案的司法监督机制,加强对行政强制措施的司法监督,建立解决执行难的法律机制。通过一系列的制度安排,欲使司法权力严格依法运行,监督与制约其他公权力恣意侵犯人权。在强调全面依法治国,建设社会主义法治中国的背景下,完善司法人权保障的救济程序,将"纸面上的权利"转变成"现实中的权利",人权的司法保障制度的初衷方能实现。

第五章

新时代以来中国式司法现代化的伟大实践

党的十八大以来,以习近平同志为核心的党中央继续坚持深化司法体制改革,将其作为推进司法现代化的既定路径与重要内容。司法体制改革在党中央更为明确的决策部署和顶层设计下大力推进,各项改革举措基本落实,"四梁八柱"的改革主体框架基本搭建完成。纵观新时代以来的司法体制改革和司法现代化建设的伟大实践,以建设公正、高效、权威的社会主义司法制度为目标,以司法责任制改革为主要内容,取得了巨大的成就。

第一节 遵循司法规律科学配置司法权

司法机关的定分止争能力是国家治理能力的重要方面,司法制度是国家治理体系的重要组成部分。在我国,自改革开放以来,司法权越来越受到重视,伴随着社会主义法治国家建设,司法权在国家权力系统中的地位进一步提升。因此,科学与合理地配置司法权,是一个值得重视和研究的问题。

一、以审判为中心,理顺法院、检察院、公安机关的关系

如果司法权取最广义的含义,指负责侦查、检察、审判、执行的公安机关(含国家安全机关)、检察机关、审判机关、监狱机关等国家司法机关和律师、公证、仲裁组织等司法组织在办理诉讼案件和非诉案件过程中的执

法活动[①]。人民法院的审判权、人民检察院的检察权、公安机关和国家安全机关的侦查权以及监狱的执行权都应属于司法权科学合理配置的范畴。

审判权是宪法和法律专门赋予法院专属行使的一项权力,这项权力应当依法独立行使,这就要求审判权只能归属于法院独立行使,其他任何机关都不得行使审判权,审判权是最典型的司法权。检察机关以法律监督为根本职能,主要包括审判监督权、侦查监督权和执行监督权。根据我国现行《宪法》规定,司法权主要由审判机关和检察机关行使,也就意味着采取的是中观意义上的司法之意。我国刑事司法由于受制于传统意识形态和苏联刑事司法模式的影响,刑诉法规定公安、检察、法院三机关办理刑事案件时要秉承"分工负责、相互配合、相互制约"的原则,但在司法实践中三机关却是"流水线"式的职权分工安排,各管一段,各负其责,分工明确,这就使三机关在相互配合与相互制约方面凸显不足。

党的十八届四中全会首次将司法行政机关及其执行权纳入其中,提出健全公安、检察、审判和司法行政四机关各司其职、相互配合、相互制约的体制安排。这种体制安排并不局限于"办理刑事案件",这也表明对司法行政机关的权力进行了重大调整。

二、推行司法权与司法行政事务管理权相分离

司法机关与行政机关在解决事项、法律功能和价值追求方面存在显著差异,司法权本质上是一种判断权,行政权本质上是一种处理权,这样的性质差异必然要求司法机关与行政机关在机构设置、组织程序和运行方式上相区别。在我国,由于司法、行政合一的历史惯性,司法权在行使上呈现出明显的行政化趋向,也即司法行政化。

所谓司法行政化,是指司法权的行使,违背了司法权运行的规律,以

[①] 章武生、左卫民主编:《中国司法制度导论》,法律出版社1994年版,第2页。

行政权的方式来运行,将法院、法官的司法审判过程纳入行政体制的命令与服从之中,这是一种司法权异化现象①。司法与行政合一在我国有着悠久的历史根源,国民党统治时期虽接受了西方社会的分权制衡理论,并依此建立了司法机关与司法制度,但限于当时内外交困的历史现实,并未能产生较大的影响。新中国成立后,国民党时期的"六法全书"被废除,在政权建设上基本沿袭了边区政府时期的建制,人民法院依然隶属于人民政府,由人民政府领导,没有独立的地位和权力。中国历史上第一部真正意义的宪法——"五四宪法"制定时,才明确规定了人民法院的独立地位和独立行使审判权的基本原则。可惜的是,由于我国司法行政化具有非常深刻的思想、文化和制度根源,且具有较强的社会认同感和历史惯性,我国司法权的运行一直未能挣脱出行政权的掌控。当然,我们不可否认司法行政化在司法资源短缺时代发挥过的积极作用,但是随着司法文明程度的提升和全面依法治国进程的推进,司法行政化违背了司法权运行的客观规律,以行政权方式运行的模式让司法权在行使过程中出现了权力支配性、政策倾向性和行使的主动性等不正常现象,这些与司法所应具备的"亲历性、中立性、被动性、终极性"等特性是不符的,极易造成冤假错案,导致司法无法担当社会公平正义最后守护防线的重任。

在实践中,司法行政化表现为上下级法院之间关系出现行政化倾向。《人民法院组织法》规定,我国上下级人民法院之间存在的是审级监督关系。但令人遗憾的是,司法实践中曾经出现的司法行政化趋向却导致了上下级人民法院之间呈现行政隶属关系,具体表现有以下几种:一是上下级人民法院之间存在的案件请示制度。该制度设计初衷是为了帮助下级法院解决法律适用上的疑难复杂问题,保证案件质量和抵御外界不当干预。案例请示制度某种程度上起到了一定的积极作用,但由于并非法定程序且无明确的具操作性的法律规定,这在司法实践中还是不够妥当的。一方面,案件请示制度违背了直接言词原则,裁判由未经听审的法官

---

① 张卫平:《司法改革的分析与展开》,法律出版社2003年版,第16页。

做出，当事人无法让法官了解并支持自己的诉讼请求，使当事人的诉讼参与失去了意义。另一方面，案件请示制度架空了两审终审制度。1986年，最高人民法院下发的《关于报送请示案件应注意的问题的通知》只将"少数重大疑难、涉及政策法律界限不清、定罪及适用法律不易把握的案件"确定为可以请示汇报的类型。但实践中存在的情况却是，下级法院法官往往在案件裁判前就向上级法院法官请示案件的处理，避免自己审理的案件被发回重审或者改判，以规避"错案追究制"，这在一定程度上架空了两审终审制度，影响了下级法院独立行使审判权，剥夺了当事人的上诉权。久而久之，下级法院法官也会形成依赖心理，碰到疑难案件不加以分析研究，转而请示上级法院法官，这就导致无法提升下级法院法官的业务水平与司法能力，不利于提升整个法院的审判质量和法官的责任感。加之法律对案件请示的程序、方式、期限无明确规定，容易造成诉讼拖延，从而降低诉讼效率。二是上级法院存在对个案提前介入、直接干预的现象。司法实践中，存在着上级法院领导或法官"指导"或"旁听"下级法院审判工作，对某类案件或某个案件提出具体裁判意见，要求下级法院执行。虽然现实中确实存在极少数个案因涉及利益群体的特殊性或影响范围广等情况需要高级别法院综合权衡、统筹解决，以便取得良好的法律效果与社会效果，但绝大多数案件的处理依然不能依赖上级法院的提前介入。且对于提前介入的案件类型和范围，并无规范性文件指引，由上级法院自行把握，这极易出现上级法院通过提前介入的方式干扰下级法院正常的司法工作。三是二审发还改判案件程序不规范。有些上级法院在发回重审的裁定中附有"内部意见函"，指导下级法院据此意见进行重新审判，下级法院的裁判必须体现上级法院的意志，上下级法院之间的关系明显偏离了监督指导的轨迹，异化成为上令下从的领导模式。四是上级法院通过工作会议、规范性文件"指导"下级法院审判工作。每年上级法院或者有关审判庭都要召开大量的工作会议，对审判工作进行部署，提出具体意见，这些会议通过领导讲话或者会议文件的形式对案件从受理到裁判提出明确要求，成为下级法院在审理案件时必须遵循的依据。虽然上级法院对下级法院的审判业务进行指导，有助于提高下级法院的司法水平，有利于统一司法尺度,但是过于具体和细致的指导工作往往束缚了下级法官的合理裁量,下级法院成为执行上级法院指示的傀儡。而且,上级法院对下级法院虽没有直接人事任免权,却存在事实上非常强大的间接控制权[1]。《人民法院组织法》第36条规定:"在地方两级人民代表大会之间,如果本级人民代表大会常务委员会认为人民法院院长需要撤换,须报请上级人民法院,经上级人民代表大会批准。"这样的规定为上级法院领导下级法院创设了有利条件,事实上,上下级法院人事关系也呈现出官阶化,下级法院工作人员会因工作突出升任上级法院工作,也可能因业绩不佳而受到上级法院拒斥而无法获得升迁。

司法实践中,法院内部审判工作机制层面也呈现行政化趋向。正如马克思所指出的,除了法律,法官不应该有别的上司。司法活动是一项高度个性化的裁判活动,法官应当根据自己对法律的理解来进行法律的适用[2]。因此,司法活动必须遵循司法权运行的逻辑。但实践中,"判而不审,审而不判"的审理与裁判相分离的局面依然存在,这些都对司法公正产生消极的影响。一是审判委员会制度。根据《人民法院组织法》对审判委员会职能的规定,主要是讨论重大、疑难案件或其他与审判相关的问题,以及总结审判经验等。审判委员会人员任命往往与行政职务挂钩,绝大多数都是法院领导班子成员。从参加人员看,审判委员会更像是一个由法院主要领导干部参加的行政会议。审判委员会主要是听取承办案件的法官汇报案情,然后讨论决定案件,过程不对外公开,当事人无从得知,无法申请回避,也无法直接表达观点,违背了直接言词原则和司法公开原则,而且审判委员会对于重大、疑难案件的决定,合议庭必须执行,体现了浓厚的行政色彩。二是案件审批制度。该制度是指合议庭或者独任审判员在对案件进行开庭审理后,必须向主管业务的有关领导(如院长或副院长、庭长或副庭长)汇报案情及拟对案件作出的处理意见,由审判经验丰富的主管业务领导进行把关,并由其决定案件最终的处理结果,这样的制

---

[1] 廖奕:《司法行政化与上下级法院关系重塑——兼论中国司法改革的第三条道路》,《华东政法学院学报》2000年第6期。
[2] 参见《马克思恩格斯全集》(第1卷),人民出版社1956年版,第76页。

度安排立足点是为了确保案件审判质量。但是业务领导并非亲历法庭审判的法官,只能通过案卷或主审法官的口头汇报来获取对案件的认识,这种认知并非基于第一手的信息资料,对事实的认定更容易发生偏差,未参加庭审的法官享有案件处理结果的决定权,违背了直接言词原则,剥夺了当事人的诉讼参与权,违背了程序正义的基本要求,其对案件的判断并不具有天然的正确性。

司法实践中,法院审判管理制度也呈现行政化倾向。法院工作除了审判业务和执行业务之外,还有许多事务性管理工作,虽然最高人民法院高度重视审判管理工作,并专门举办全国大法官研讨班进行讨论研究,但实践中仍然有一些法院对不同事务的管理模式不加区分,对审判工作的其他辅助性工作行使统一的管理模式,导致审判管理模式带有较强的行政色彩,审判管理也基本沿用了行政管理的手段、方法,违背了审判工作的内在要求。

近年来,各地司法机关通过引进现代管理学的理念,纷纷构建了以量化指标为核心内容的案件质量管理体系和绩效考核机制。量化指标作为司法活动的指挥棒,不仅能够对司法活动起到评价、指引和监督作用,而且能够对司法人员起到考核、问责和激励的作用。实践证明,各地司法机关的量化指标改革已经取得了明显的成效,审判人员质量意识显著增强,审判质量同步提高,案件差错率和瑕疵率都得到很好的控制。

但是,量化指标管理是一把"双刃剑",如果量化指标体系设置不科学,或者过分依赖量化指标,反而会给司法工作带来不良的影响。例如,许多法院以"上诉改判率""一审上诉发回重审率""维持率"等作为案件质量评估的依据,以简单的数字来评价审判工作,并在辖区内排名排位,这极有可能加剧上下级法院之间的行政化倾向。为了提高维持率、降低改判发还率,下级法院总会想方设法得到上级法院的认同,具体到个案时,案件请示、不规范的沟通等现象就会时有发生,甚至会愈演愈烈。这样做的结果不仅强化了上下级法院之间的行政化倾向,而且导致法庭审判流于形式,有悖于公正审判。

为了破解司法行政化的顽疾,科学合理地配置司法权,新时代以来全面深化司法体制改革的举措厘清了司法业务职权与司法行政事务管理权。"司法行政"是"附随于司法事务之行政",为了圆满地开展司法活动,由专门国家机关从事的辅佐司法权运行的行政管理行为①。我国司法机关除审判、检察业务以外,自身还有大量的行政事务,如司法机关内部的活动经费、人事调动、物资采配等与司法相关的行政事务,这些行政事务与一般行政事务不同,它们属于与司法活动或者司法机构有关的行政事务。司法体制改革要将应当归司法行政机关行使的司法行政事务管理权从司法机关剥离出去,在法院内部也需要将司法行政管理事务与司法业务分开。司法机关内部司法行政管理事务主要包括:司法机关的内部财务,编制预算和负责支出事宜,司法机关内部的人事工作,管理档案以及安排法庭和调度车辆,收发机要和普通文件等人、财、物的行政管理事宜。而且,也要将从事司法业务的人员与从事司法行政业务的人员分离管理,对司法人员按照司法规律进行管理,对从事司法行政事务的人员应当按照行政管理模式进行管理。

改革司法机关的工作机制和人、财、物管理机制,逐步实现司法审判同司法事务管理相分离,弱化人民法院的行政化色彩,建立起适应履行司法职责需要的组织保障和物质保障机制,这是新时代我国司法体制改革的重点之一。党的十八届四中全会提出,"探索实行法院、检察院司法行政事务管理权和审判权、检察权相分离"。最高人民法院"四五改革纲要"就健全法院司法行政事务保障机制推出了一系列改革举措,要求推进法院内设机构改革,建立以服务审判工作为中心的机构设置模式和人员配置方式。完善人民法院购买社会服务的工作机制,凡属事务性管理服务,原则上都要引入竞争机制,通过合同、委托等方式向社会购买。一方面,要合理确定审判执行业务部门与非业务部门的配置比例,建立以服务审判工作为重心的机构设置模式和人员配置方式。解决原先行政管理人员和工勤人员所占比例过大,以及后勤和行政部门的中层领导及工作人员与审判人员交叉使用、待遇相同等问题,避免一些业务骨干为了得到提职

---

① 汪翰章主编:《法律大辞典》,大东书局1934年版,第280页。

晋级的机会到这些辅助行政机构谋求职务。上海的方案是将司法行政事务管理人员的比例控制在15%，司法人员与司法辅助人员等从事司法业务的人员比例则提升到85%，这既体现了司法行政管理事务是服务于审判、检察等司法业务的本质，又极大地提高了司法业务方面的资源配给，有利于审判权与检察权更好更高效地运作。另一方面，按照要求，应当以司法行政服务社会化为目标，逐步实现行政管理职能与服务职能的分离。改革现行法院行政管理体制，将统一由法院司法行政机构承担的行政管理和服务两种职能分开，将法院现行后勤管理部门中的可社会化服务事务部分分离出去，实行服务管理的社会化和企业化，引入竞争机制，通过合同、委托等方式向社会购买。

三、推行审判权与执行权相分离

我国实行的是多元化的执行体制，即民事裁判、行政裁判、涉及死刑立即执行、罚金或者没收财产的裁判，以及无罪或者免除刑罚的判决，都由人民法院负责执行；而被判处拘役、管制的罪犯，以及暂予监外执行、缓刑、假释、单处或者并处剥夺政治权利、并处驱逐出境等，由公安机关负责执行；对于被判处死缓、无期和有期徒刑的罪犯，由监狱机关负责刑罚执行；对于被交付执行刑罚时剩余刑期在一年以下的有期徒刑罪犯，由看守所代为执行，对未成年犯则在未成年犯管教所执行刑罚。多元化的执行体制虽然有助于一定程度地减轻司法行政机关的负担，但也存在着较为明显的缺陷。举刑事执行体制为例，从理论上分析，人民法院的基本功能是解决纠纷，为了保障公正司法，在行使权力时必须保持中立性和消极性。而由人民法院主动执行刑罚，明显与裁判者的角色不相协调。我国的司法执行体制在实践中易产生执行难与执行乱的问题。

我们这里探讨的执行难，与当事人理解的执行难不是一回事。当事人认为只要是生效的判决和裁定得不到完全执行都属于执行难。对法院来说,原本可以顺利执行的生效裁定和判决,由于各种人为阻力无法得到完全执行的情况才属于执行难。执行难需要具备已过自动履行期限的生效裁判、被执行人具备履行能力和各种人为阻力导致裁判无法执行这三个条件①。执行难一般不会发生在刑事领域,主要存在于民事和行政执行领域,表现为被执行人难找,被执行财产难寻,协助执行人难求,应执行财产难动等情况。从导致执行难的因素来看,执行难可以分为以下几种:一是被执行人阻碍执行。有的被执行人隐匿或转移资产以逃避执行,或者煽动群众阻挠执行;有的被执行人为逃避债务,暗中从负债企业剥离主要资产,以空壳企业去应付执行。二是地方保护主义或部门保护主义导致执行难。在跨区域的重大经济纠纷中,特别是败诉方属于重要国有或集体企业时,为了保护本地区局部经济利益,一些地方政府甚至要求法院不得执行本地企业的财产。三是执行人员怠于执行或执行能力不足。有些执行人员因为人情关系而消极执行,或因收受被执行人的好处,导致判决或裁定不能及时执行。

执行乱是执行人员违反法律规定的程序,在执行过程中侵害了被执行人或案外人的合法利益,导致执行工作无法公正有效地进行,主要表现在以下几个方面:一是在执行管辖中互相争夺或者推诿。尽管法律对强制执行的级别管辖、普通管辖、特别管辖、共同管辖和移送管辖制度规定得较为明确具体,但司法实践中仍不时出现互相争夺管辖权或者互相推诿管辖权的现象。二是违法查封、扣押财产,滥用强制执行措施。国家法律对关于公民、法人和其他组织财产的查封权和扣押权的行使均有明确的严格规定,对不符合法律规定查封、扣押财产的,一律视为违法,并应追究法律责任。然而,司法实践中,有些法院为了确保自己执行的案件得到完全的执行,对已经查封、扣押、冻结的财产,重复查封、扣押和冻结,损害被执行人的财产利益。三是法院执行人员随意执行案外人财产,强迫当事人达成执行和解协议。有的执行人员为了完成执行任务,明知是案外人的财产,也作为被执行人的财产予以执行,损害案外人的财产

---

① 参见景汉朝、卢子娟:《"执行难"及其对策》,《法学研究》2000年第5期。

权利。有的执行人员要求执行人与被执行人达成和解协议,以减轻执行的工作量。

我国多元交织的执行体制的动态演进,在实践中产生了诸多弊端,造成了"执行难"的困局,影响了司法权威和司法公信力。我国出现的"执行难"问题,归根结底是国家的强制力和激励守法的能力不足所导致的社会管理能力落后于经济社会发展的集中反映。党的十八届四中全会提出"完善司法体制审判权和执行权相分离的体制改革",探索审判权与执行权相分离的改革模式,成为司法体制改革的重要任务。

对于审判权与执行权相分离的改革模式,当时理论界主要有两种主张:有主张认为,我国应当改革目前多元化的执行权分配体制,将整个执行工作从法院分离出去,实行一元化的执行权分配体制,交由专门的执行机关统一行使执行权[①];也有主张认为,基于国情和现实条件的考虑,继续维持多元化执行权分配体制,只是在法院内部推动审执分离,将审判权与执行权分离交由不同机构行使,待到时机成熟再实行一元化执行分配体制。不同的审执分离改革模式在理论、实践和逻辑上都存在一定的合理性。我国审执分离体制改革聚焦于消除导致"执行难"的可调动的执行资源和手段不足及利用率偏低等原因,继续维持多元化执行体制,在法院内部深化审执分离,从体制和机制上保障执行部门具有较强的资源调动能力,丰富执行手段和方法。

从理论探析的角度看,"审执关系"(审判与执行的关系)既具有差异性,也具有共通性。从"审执关系"的差异性方面看,不仅在改革方向上要整体上强化执行权,而且要将执行程序所处理的实体争议部分再返还给审判程序,真正体现审判与执行的差异性,理顺"审执关系"。同时,审判和执行又有共同服务于保护当事人权利的目的,过分割裂两者关系,强调彻底分离,某种程度上会损害两者共同的目的。这样的执行体制在理论上更符合法律的正义价值和效率价值,更有利于执行手段和资源利用效率的提升,消解目前造成"执行难"的主要因素,而且在操作上则更易于衔

---

① 参见朱立恒:《社会主义法治视野下的司法体制改革》,法律出版社 2012 年版,第 227—228 页。

接目前的执行体制,不易造成新的制度困境。同时赋予执行机关更加有效的执行手段和更加丰富的执行资源,但又要避免执行资源的无限膨胀导致执行机关的权力遭到滥用,所以相对于具有权力扩张性的行政机关而言,弱势且受监督较多的司法机关尤其是人民法院,所掌握和利用执行资源的力量更容易受到控制。我们在进行"审执分离"改革时,建立各机关配合人民法院执行的配套制度安排,确保人民法院具有调动各方执行资源的能力与手段,比如建立网络查控系统、建立网络司法拍卖平台、升级执行信息公开网、健全与完善协助执行机制等,并赋予其对消极协助行为制裁的权力,这样人民法院不仅可以调动整个法院系统的执行资源,而且还能够充分获得协助执行机关的支持,在法律和现实维度内进行多方权衡、通盘考虑,有序推进,一定程度上能够破解"执行难""执行乱"的困局,实现司法的公正与权威。

四、探索与行政区划适度分离的司法管辖制度

司法职权配置的科学、合理与否,是司法行为能否得以依法、有序实施的前提条件,是公正、高效、权威的社会主义司法制度能否真正建立的关键所在。只有科学合理地配置司法职权,才能够明晰相关部门与有关个人的权责,才能使相应部门和个人摒弃部门利益和地方利益,才能使民众确信司法权是依法独立公正地行使,从而树立司法公信与司法权威。但我国司法职权在中央与地方的配置上,却呈现出司法权地方化倾向,并由此产生了司法的地方保护主义。

司法权国家化是马克思主义司法观的基本内容,法制统一是法治国家尤其是社会主义法治国家必须遵循的重要原则,列宁也非常重视这一原则。十月革命后,列宁就提出,国家制定的法律和法令要在全国范围内施行并得到普遍的执行与遵守。列宁在《论"双重"领导和法制》中总结了苏维埃政权建设的经验与教训,指出法制工作必须是统一的,不能像工业、农业那样可以有各地自己的一套做法,"法制不能有卡卢加省的法制,

喀山省的法制,而应该是全俄统一的法制"①。列宁提出了司法权国家化的马克思主义观点,司法组织体系首先要落实法制统一的原则,各地检察机关是由中央检察机关垂直领导的机构,可以顶住地方政权和个人的干涉,有效地与地方政权的各种违背法制统一的行为作斗争。

我国是实行人民民主专政的单一制社会主义国家,坚持的是人民代表大会制度,立法权、行政权和司法权等国家机关的权力均来源于国家权力机关的授予。立法权和行政权可以进行部分授权,也就意味着可以存在地方立法、授权立法或地方行政、授权行政的情况。但是,根据司法权国家化的马克思主义观点,地方司法机关的司法权也是来源于国家权力机关而非地方权力机关的授予,司法权只有国家的司法权,而不存在地方司法或授权地方进行司法的问题②。正如王利明教授指出,为了从根本上建立社会主义法治,必须在全国范围内形成统一的司法体系,由代表全体人民意志和利益行使司法权的司法机关,适用统一的社会主义法律和法令,保障全国性法律和法令的贯彻和实施。如果地方司法机关与所在的地方形成不适当的利害关系,代表地方利益行使司法权,就不利于形成统一的司法体系,也不符合司法权国家化的马克思主义法治理念③。我们是单一制的国家结构形式,必须要统一地适用法律,确保全国范围的法制统一。司法权从权力属性和功能定位来界定,不属于地方自治权,当属于中央事权,是一项独立的国家权力,是国家主权的重要组成部分。司法权的统一行使是国家主权统一的重要标志,是单一制社会主义国家法制统一的基本要求。司法权不能在中央和地方之间进行分配,只能交由法律规定的司法机关统一行使,我国中央和地方四级司法机关都是代表国家行使司法权的国家司法机关。但司法实践中,却出现了司法权地方化的司法异化现象,地方党政机关不当控制和干扰司法机关及其工作人员的司法活动,导致司法机关及其工作人员无法独立行使职权,其实质是地

---

① 列宁:《论"双重"领导和法制》,《列宁全集》(第43卷),人民出版社1987年版,第195页。
② 参见刘作翔:《中国司法地方保护主义之批判——兼论"司法权国家化"的司法改革思路》,《法学研究》2003年第1期。
③ 王利明:《司法改革研究》(修订本),法律出版社2001年版,第180页。

方党政机关不当截留了国家司法权①。

　　我国司法体制建成于新中国成立初期,不可避免地带有计划经济时代制度设计的烙印,司法权与行政权一起形成了"条块结合、以块为主"的管理体制和运行惯性,使得国家专属的司法权被地方分割分享。在计划经济时代,经济社会尚不发达,资源也相对短缺,这样行政化安排的司法体制给便利司法、节省成本起到了历史性的作用。随着社会主义市场经济的发展,国际和国内市场竞争日趋激烈,市场主体利益诉求的多元化和社会矛盾的显著增多使得这种管理体制和运行方式的弊端日渐凸显。我国司法权在实际运作中的地方化及实践中产生的地方保护主义现象,被一些学者称为"诸侯割据局面"。无论人民法院还是人民检察院,在实际的权力运作中都存在着地方化倾向。概括说来,主要表现在以下几个方面:首先,司法管辖按地方行政区划设置。根据《宪法》《人民法院组织法》和《人民检察院组织法》有关规定,除专门司法机关外,普通人民法院和普通人民检察院无不是按照行政区划予以设置,各级司法机关的管辖范围与各级行政机关的管辖区域完全重合。最高人民法院和最高人民检察院属于最高司法机关,管辖范围是全中国;各省高级人民法院和高级人民检察院,管辖范围是全省;地市级中级人民法院和中级人民检察院,管辖范围是整个地级市;县级基层人民法院和基层人民检察院,管辖范围是整个县(市)。其次,司法机关隶属于地方人民代表大会。根据我国《宪法》和《人民法院组织法》《人民检察院组织法》的相关规定,由地方选民或代表通过选举方式产生各级人大代表,组成地方各级人民代表大会,作为地方各级国家权力机关。然后再由地方国家权力机关授权产生地方司法机关,这也就意味着地方各级法院和检察院都必须向地方各级人大汇报工作并接受其监督,这也使得地方法院和检察院具有较重的地方化色彩。最后,司法机关的人、财、物都是由地方财政予以供给。我国司法机关的经费自20世纪80年代实行"分灶吃饭"的财政体制以来,一直实行分级管理、分级负担的财政供给模式。地方各级司法机关的办公、装备、人

---

① 张卫平:《司法改革的分析与展开》,法律出版社2003年版,第36页。

员薪资、福利等都是由地方财政供给,地方司法人员的人事任免权由地方权力机关掌握,实践中基本上由地方党委组织部门或政府人事部门掌握,地方人民代表大会及其常委会任免。这样的司法资源保障体制一方面有利于调动地方经济社会发展的积极性,但另一方面也造成了一定的不利后果,使各地司法机关因司法经费保障不均衡而导致司法的不平衡,也使各地司法机关在办案过程中容易受到地方党政机关人、财、物的钳制,不利于司法权的独立行使。总之地方各级司法机关存在的以上地方化倾向,导致司法权在实际运作过程中存在严重的地方保护现象。①

司法权地方化危害了公平正义的法律秩序,挑战了法治统一与权威,是司法公信力损害的制度根源,使地方司法机关因很难独立地行使其司法权而沦为"地方的司法机关"和地方利益的"保护伞",损害了法制统一与中央权威,降低了人民群众的满意度与支持度,制约了司法工作的持续健康发展。归结起来,司法权地方化的弊端主要有以下几个方面:一是司法公正不易实现。公正是司法的灵魂和生命,公民将纠纷呈递司法予以解决,就是希望矛盾能够得到公正的解决。如果判决并非基于证据和法律作出,而是基于是否有利于保护地方利益和是否符合地方党政领导人的意志作为裁判案件的标准,那么司法公正根本无从谈起。法律的公正适用的重要原则就是相同情况同样处理,如果判决结果因为当事人所处的地域而有所不同,"同案不同判",那么法制统一、法律面前人人平等便无法实现。二是司法权威遭到削弱。实现司法权威,有积极和消极两种方式,靠国家强制力来实现司法权威是一种消极的方式,司法权威的真正树立,则需要在公民内心深处培育出对法律的尊重与信仰。如果司法机关沦为地方利益的代言者,判决结果取决于当事人所处的地域,那么公民对法律的信仰就会丧失,转而寻求其他方式解决纠纷,甚至采取极端的私力救济方式,如此,司法机关定分止争的职能不仅没有发挥,反而激化矛盾,危害社会和谐稳定。三是法制统一受到破坏。作为单一制

---

① 参见刘作翔:《中国司法地方保护主义之批判——兼论"司法权国家化"的司法改革思路》,《法学研究》2003年第1期。

国家,我国法律在全国范围内同等适用,司法权也是一种国家权力,而不是地方自治性质的权力。如果司法机关"唯地方利益至上",这样有偏私的裁判必然导致法制统一与法律面前人人平等遭受破坏,不能够维护市场经济平等的要求,使本地投资环境恶化,最终影响地方间有益的经济往来与交流,长远看也不利于地方经济的发展和全国统一大市场的构建。

2014年10月,党的十八届四中全会审议通过了《决定》,提出最高人民法院设立巡回法庭,探索设立跨行政区划的人民法院和人民检察院。习近平总书记在全会《决定》的说明中指出,最高人民法院设立巡回法庭,有利于审判机关重心下移、就地解决纠纷、方便当事人诉讼,有利于最高人民法院本部集中精力制定司法政策和司法解释、审理对统一法律适用有重大意义的案件①。最高人民法院"四五改革纲要"明确了对司法管辖与行政区划适当分离的制度改革:在机构设置方面,建立上级法院在重大、疑难、复杂案件较多的地方派出巡回法庭工作机制。其一,最高人民法院设立巡回法庭,审理跨行政区域重大行政和民商事案件。2014年12月,中央全面深化改革领导小组第七次会议审议通过了《最高人民法院设立巡回法庭试点方案》,提出这项改革试点涉及司法管理体制、司法权力运行机制等深层次问题,在深圳、沈阳设立第一、第二巡回法庭,在重庆、西安、南京、郑州增设巡回法庭,最高人民法院设立的巡回法庭,是最高人民法院的派出机构。巡回法庭代表最高人民法院审判案件,所作出的裁判与最高人民法院的裁判在效力上是相同的,都加盖最高人民法院的印章,都是终审裁判。巡回法庭和各高级法院之间是上下级审级关系,最高人民法院设立巡回法庭的职能,主要是审理跨行政区域重大行政和民商事案件,这既有利于审判机关重心下移、方便当事人诉讼,也有利于克服和避免地方保护主义,保证司法的公正性、彰显司法公信力。其二,设立跨行政区划的人民法院和人民检察院。按照《人民法院组织法》《人民检察院组织法》规定,我国地方各级法院、检察院一般按照行政区划设

---

① 参见习近平:《关于〈中共中央关于全面推进依法治国若干重大问题的决定〉的说明》,《人民日报》2014年10月29日,第1版。

置,但实践中,随着社会主义市场经济深入发展和行政诉讼出现,跨行政区划乃至跨境案件越来越多,涉案金额越来越大,导致法院所在地有关部门和领导越来越关注案件处理,甚至利用职权和关系插手案件处理,造成相关诉讼出现"主客场"现象,不利于平等保护外地当事人合法权益、保障法院独立审判、监督政府依法行政、维护法律公正实施。为避免司法运作中的地方保护主义,排除地方党政对司法工作的干扰,党的十八届四中全会《决定》中提出"探索设立跨行政区划的人民法院和人民检察院,办理跨地区案件",这是以司法的去地方化为改革动因,逐步形成地方司法机关和跨行政区划司法机关两种不同的组织结构,相互独立又分工协作,共同实现司法任务,确保司法公正、高效、权威,推动法治政府建设,保障中央政令畅通,促进国家法律统一正确实施,增强国家治理现代化的总体效能。2014 年 12 月,《设立跨行政区划人民法院、人民检察院试点方案》出台后,最高人民法院制定了《关于北京、上海跨行政区划人民法院组建工作指导意见》。上海、北京分别于 2014 年 12 月 28 日、30 日成立了上海市第三中级人民法院和北京市第四中级人民法院,选择依托铁路法院设立了首批跨行政区划法院。2015 年 2 月发布的《人民法院第四个五年改革纲要(2014—2018)》进一步明确了"将铁路运输法院改造为跨行政区划法院"的改革任务,在全国推广试行,确保法院和检察院依法独立行使司法权,最大范围地排除地方保护主义对司法的干扰,平等保护外地当事人的合法权益,从而维护法制的统一和司法的公正。

党的二十大在总结新时代十年的伟大变革时充分肯定:司法体制改革取得重大进展,社会公平正义保障更为坚实。① 设立最高人民法院巡回法庭以及设立跨行政区划的人民法院和人民检察院,是推进全面依法治国、维护司法公正的重要举措,是司法体制改革和司法现代化取得的重要成果之一,在保障社会公平正义中发挥了重要作用。

---

① 参见习近平:《高举中国特色社会主义伟大旗帜　为全面建设社会主义现代化国家而团结奋斗——在中国共产党第二十次全国代表大会上的报告》(2022 年 10 月 16 日),人民出版社 2022 年版,第 9—10 页。

第二节　优化司法权力运行机制

司法权力运行机制是司法机关内部在诉讼过程中遵循的关于权限划分、职责配置和责任追究等方面的工作规则和制度规范的总称,对于案件处理的公平公正、质量效率以及司法机关的权威公信具有非常重要的影响。应积极落实党的十八届三中、四中全会以及党的二十大、二十届三中全会提出的健全司法权力运行机制的改革要求,优化司法权力运行机制。

一、以审判权为中心构建符合司法规律的组织架构与职权配置

审判权、检察权同属司法权范畴,具有共性,其办案组织架构及职权配置应当遵循程序正当性原则,合理制约权力行使,有效保障当事人合法权益,坚持由办案人员对案件作出处理。其法理逻辑在于:一方面,审理者直面案件当事人,直接听取了当事人的意见,直接阅看了各项证据,亲历案件审理过程,在案件事实真伪判断上具有天然的优势和便利;另一方面,基于保护当事人知情权等合法权益的考量,未亲历者无权裁判。同时,审判权与检察权又具有不同的性质,在通过办案组织架构以及职权配置对程序正当性原则作出反映上存在不同。审判权的性质在于根据法律规定独立作出判断,是典型意义上的司法权,表现为各级法院均为独立依法行使国家审判权的国家机关,法院体系内只有审级的区分,没有上下级的领导关系;各级法院的法官为依法独立行使审判权的独立个体,法官组成合议庭或者以独任形式作出的判决即为法院的判决。因此,审判权的办案组织架构及职权配置体系存在层次简单、职权完整等特点,在程序正

当性原则上表现为由审理者对案件做出裁判。而根据我国法律规定,检察权则是多种权力的复合体,包括刑事检察权、职务犯罪侦查权以及法律监督权等。从权力性质分析,检察权并非纯粹的独立判断权,如职务犯罪侦查权就具有较强的组织领导性。总体而言,检察权具有自身特点:检察机关内部存在上下级领导关系,实行检察长负责制,检察官在检察长的领导和授权下从事办案,检察权的独立性表现为根据检察一体化原则构建的检察机关整体上独立行使检察权、检察官则在检察长的授权范围内独立行使检察权。检察权的性质和特点决定了检察权办案组织及职权配置体系具有检察官独立办案职权与所在部门领导行政管理权交织更为紧密的特点,为此,在实际工作中应当更加强调厘清权力边界、实行科学合理的授权管理机制,在程序正当性原则上则表现为应当由主办检察官在授权范围内独立对案件作出处理。

二、对合议庭(独任庭)予以法定的赋权

以审判为中心,对人民法院来说,特别要强调以庭审为中心,强化对合议庭的法定赋权。合议庭(简易程序案件由独任法官审理)是法院办案最基本、最常态的组织架构,应当赋予相对完整的办案职权,除依法律以及法院内部管理规范明确规定的应当由院庭长审批的事项外,非经审判委员会讨论案件,均由合议庭(独任法官)自行作出处理意见。法院内部管理规范设计的应当由院庭长审批的事项,一般限于案件办理过程中需要重点加强管理的有关程序性事项,严格控制,以正面清单形式作出明确规定。真正让主审法官、合议庭"权、责、利"相统一,实现让审理者裁判,由裁判者负责;实施主审法官制度,强化合议庭建设。借鉴审判长选任制的经验,实行主审法官制度,选任政治素质好、业务能力强的法官担任合议庭的主审法官,主审法官除承担审判长的相应职责外,还就案件承担更为严格的程序管控职权,包括要求合议庭成员提交书面阅卷意见以及评议意见以有效推进案件审理;合议庭成员对案件处理意见有较大分歧的,

主审法官可以提请主审法官联席会议乃至提请院长决定提交审委会讨论;主审法官对案件法律适用持少数意见时则应当提请讨论等。主审法官的设置在很大程度上成为职责更加全面清晰的新的合议庭召集组织协调者,可以更加有效地推进合议庭行使审判权。

落实好有关合议庭独立性的规定,处理好法院的首长负责制与合议庭的关系。长期以来,我国法官缺乏一种独立负责的精神,对上级的权威有很强的依赖性,所以减少案件审批,让院庭长回归职业法官本色是不错的制度选择。院庭长本身是法院优质审判资源,但在行政化管理模式下,因承载行政事务管理、队伍管理、审判管理等诸多职责,一方面逐渐脱离具体办案工作,另一方面又对合议庭(独任法官)的办案行使审批权。在人员分类管理改革模式下,对院庭长的角色重新定位,在保留其必要的组织协调管理职责的同时,编入合议庭回归职业法官角色,通过担任主审法官,办理一定数量的疑难复杂案件,发挥资深法官作用。以主审法官联席会议制度取代审判长联席会议制度,审判长联席会议虽不是法定的办案组织,但在办案职权运行中具有特殊地位,讨论意见往往因兼具行政职级优势及专业能力优势为合议庭习惯性遵从,成为法官办案的依赖,不利于法官独立办案思维的培养。以主审法官联席会议形式取代审判长联席会议形式,既为法官办案继续提供良好的智力支持又让法官坚持独立判断的原则,是改革审判长联席会议的指导思想。

三、逐渐还原审委会案件讨论制度的原貌

审判委员会的存废是多年来讨论的焦点问题,不少学者主张废除审判委员会。审判委员会是法院内部设立的、较长时间内由稳定的数人对审判工作实行集体领导的组织,同时以会议形式承担裁判案件的职能,实行民主集中制原则。《刑事诉讼法》第180条规定:"……对于疑难、复杂、重大的案件,合议庭认为难以作出决定的,由合议庭提请院长决定提交审判委员会讨论决定。审判委员会的决定,合议庭应当执行。"可以看出,审

判委员会在办案组织架构中居于顶端位置,有权讨论决定案件。从理论上分析,审判委员会委员并未亲历案件审理,在听取汇报后对案件形成决定性意见,行使最终环节的审判权,一定程度上与程序正当性原则有所冲突,违背了直接审理原则。直接审理是审判的一项重要原则,也是审判公正的基本要求,包括两方面内容:一是"在场原则",即法庭审判中,法官必须亲自在庭进行审判;二是直接接触和审查证据,即证据只有经法官以直接的感知和形成的认识易于接近事实真相,有利于判断证据的可信性和形成自己的内心确信,我国古代法官审案就要求"以五声听狱讼",现代诉讼更应当强调裁判者直接接触证据,听取法庭调查和双方辩论。审判委员会讨论案件过程中,对案件的了解建立在承办人口头汇报基础之上,不接触当事人,也不直接对证据进行审查,有悖于诉讼的亲历性。

随着改革开放的不断深入,各类案件的数量、程序的复杂程度亦有所增加,法官们由于能力和经验的局限,尤其是面对重大疑难案件时,往往信心不足。从知识论的角度分析,审判委员会因为聚集着业务能力突出的法官群体,在法律知识和司法经验的积累上确实优于普通合议庭或法官个体,对案件的把握与处理也更为精准与到位,尤其是在法官职业化有待提升的现实境遇下。所以,经过对这种冲突与保证重大疑难案件审判质量之间进行的价值衡量,后者无疑成为现实的选择,更罔论审委会讨论决定案件机制在复杂的司法环境中还演化出其他为司法所依赖的诸如分担责任等多项附加功能。在法官职业化有待提升的语境下,改革的方案是相当长时期内保留审判委员会讨论决定重大疑难案件的功能,进行新的制度定位,将其对司法规律形成的冲突控制在尽量小的范围:严格限缩个案讨论范围,一般限于法律、司法解释明确规定应当由审委会讨论决定的案件,且仅限于案件法律适用问题;同时强化总结审判经验、讨论决定审判工作重大问题、实施类案指导等功能。随着法官职业化水平的提升,逐步还原审委会讨论疑难重大案件功能定位原貌。《人民法院组织法》规定,审判委员会的法定职能是总结审判经验、讨论重大的或者疑难的案件。根据文义解释,审委会讨论案件并不等于决定案件。案件最终以与审判委员会相同的意见作出处理,更加合理的逻辑是审委会作为法院最资深的专业团队,其讨论意见具有很强的指导意义,合议庭将其转化为合议庭意见并据以对案件作出裁判。

四、尊重检察权运作规律,对检察官进行制度性放权

关于检察权运行机制改革,坚持《宪法》确立的检察机关作为国家法律监督机关的性质和地位,以强化检察机关的法律监督职能为中心推进检察体制改革。立足现有职权,尊重检察权运行规律,调整和完善检察机关内设机构的专业化设置,对检察官进行制度性放权。第一,内设部门实行专业化设置。一是根据上下一致、统一规范的原则,以检察权职能中观层面的专业分类为基础,适当归并、精简内设部门设置,注重划清各内设部门职能边界,确保职能分布全面清晰覆盖检察权体系,避免发生随意增加设置内设部门的情况。二是强化内设部门的专业化管理,内设部门领导均应由具有一定职业等级的检察官担任,对职业等级要求作出统一规范。三是尊重检察权复合权力结构的特点,明确内设部门领导的行政管理职权,尤其在组织协调性强的内设部门,注重内设部门领导行政管理职权具有一定权重。第二,逐步对检察官进行制度性授权放权。实行检察官正面权力清单,根据不同检察权的性质分别进行制度性授权,检察官在权力清单范围内依法独立行使职权。相对来说,刑事检察权较职务犯罪侦查权、诉讼监督权等具有更多的司法权趋同度,更加有赖于检察官独立作出判断,因此授权范围相对大、放权程度相对高。随着检察官职业化水平的提升,检察官权力清单的内容逐步拓展,便于检察官更加独立自主行使职权。第三,实行主任检察官制度。法官办案实行合议制,独任法官只能针对简易程序案件,审判权运作机制具有天然的民主监督机制成分。检察权实行检察长负责制下的检察官独立办案制,检察官拥有更大的独立办案职权。

第三节　司法人员实行职业化建设

高素质的司法职业化队伍是提升司法公信力、实现司法公正的必要条件,司法人员的职业化水平关乎着司法定分止争功能的发挥,司法公正需要职业化的司法人员通过公正的司法审判程序来实现。在全面依法治国、建设社会主义法治中国的背景下,全面深化司法体制改革及司法现代化整体困局中的难题之一便是司法人员的司法能力不足。

由于司法权作为行政权延伸的政治附庸,在我国的政治系统中始终处于边缘地位,加之长期以来司法作为"工具"的价值定位,我国司法人员,尤其是法官从未被作为一个特殊的职业群体来对待。《法官法》把审判人员从国家公务员中分离出来建立单独序列的这种改革,甚至被2005年的《公务员法》所改变,法官职业又回到了与公务员适用同样管理的模式之中,职业化的特点被大大削弱。在司法实践中,政法系统或者法院内部仍然把法官与其他工作人员一起统称为"司法干警"并进行管理,法官的官阶设计也完全引入行政体系所使用的等级模式,涌现出"局级审判员""处级审判员"等不同行政等级的司法人员。这样的行政级别不仅意味着行政待遇的差别,而且还被解释为法官素质的高低和责任分配的多寡。实践中,具有较高行政级别的法官对案件的处理结果往往具有更强的影响力,较低级别的法官往往不得不屈从于高级别法官的意志。

在我国,司法人员管理的角色混同还表现在以下三个方面:第一,有法官之名却不行法官之实。在法官大众化思想影响下,法院长期被视为一个就业单位,只要是法院编制,无论是否从事一线审判工作,也不论是否具备审判工作所必需的业务素质和能力,只要达到一定的工作年限和行政级别,无一例外地被任命为法官,法官职务被当作一种"福利待遇"在法院内部平均分配。由此导致具有审判职称和法官等级的人员占法院编制人员80%甚至90%以上,有的法院几乎人人都有审判职称。但这些人员中很多人并不从事审判工作,而是从事领导、党务、行政和后勤服务等工作,有的甚至并不具备基本的法律业务知识,成为从不办案的法官。第二,无法官之名却行法官之实。由于大量具有审判职称和法官等级的人并不真正从事审判工作,在案件数量持续增加的情况下,为了解决案件积压、久拖不决的问题,书记员参与办案已是一个通行的做法。第三,有法官之名却不得不行非法官之实。处在审判职能与非审判职能、法律利益与地方利益的夹缝中,我国法官不仅裁判案件,还要努力化解矛盾、做好善后工作、处理来信来访,有的甚至还要承担任务摊派、集体服务、保护辖区内特殊主体的经济利益等,这就使法官不得不分身应付审判外的其他事务。司法人员角色混同的管理模式,忽视了法官职业性质的特殊性,不利于法官队伍素质的提高,也不利于司法活动按其应有的模式运行。

司法能力也有待提升。司法能力既包括适用法律的能力、驾驭庭审的能力、诉讼调解的能力、判决说理的能力,还包括做群众工作的能力,这需要法官拥有深厚的法学理论功底、丰富的司法实践经验和渊博的社会科学知识。过去几十年中,法院被长期当作一个就业单位,接收了大批复员军人及其他非法学专业的人员从事审判工作,而法院队伍相对封闭,没有畅通的出口渠道,一旦进入法院,大部分人会在法院工作直至退休,这在一定程度上导致为数不多的法官编制被非法学专业的干警占用,公开面向社会招录法官的名额不多,许多通过司法考试、符合法官任命条件、本人也愿意进入法官队伍的人才无法进入法院。此外,我国经济社会发展不平衡的特殊国情也导致难以在某些地区推行司法职业化,相当一部分边远贫困地区的法院,法官正常补给一直是个难题,只能通过放宽学历条件、司法考试单独划线甚至吸收非法学专业人员等做法不断降低标准,导致很多法院存在大量非专业法官,司法人员能力不足的情况比较突出。

法律的适用是一项专业性和技术性要求很高的工作,司法人员尤其是法官只有具备深厚的法学理论功底和娴熟的审判技能,才能对法作出合理的论证与解释,从而高效地处理案件,作出客观公正的判断与裁决,而我国司法人员的专业知识却相对缺乏。虽然专业、学历和能力并不一定成绝对正比,但是总体而言,没有接受过系统、正规的法学教育的人在法律精神的理解、法律知识的储备、法律技巧的运用等方面往往和法学专业出身的人有一定的差距，尤其是遇到疑难复杂案件或者法律规定较其原则性或较抽象等情况时，往往很难准确把握立法本意、准确适用法律。加之司法人员法学教育内容几乎与现行法律部门相一致，现行部门法随着调控范围的扩大而变化，但部门法学相较于发展的部门法律规范体系而言，总是略显滞后。所以，从知识的层面上讲，专业学习的书本知识体系难以适应司法实践发展的要求，实践中对法治思维、法律底层逻辑理解能力有较高的要求。

正是基于以上司法人员的司法能力不足等问题，新时代以来的司法体制改革及司法现代化启动了以员额制改革为核心的司法人员分类管理改革，这是司法责任制建设的基石。以司法责任制为核心的四项基础性改革和其他一系列重要改革中，员额制改革是司法机关人员分类管理的重中之重。所谓司法人员分类管理，就是将司法机关内部的各种人员，按其性质和职能分为司法人员、司法辅助人员、司法行政人员等，对各种人员按不同标准招录、使用、晋升，并提供相应的有差别的待遇及各类保障。① 党的十八届四中全会提出，"加快建设符合职业特点的法治工作人员制度，完善职业保障体系，建立法官、检察官、人民警察专业职务序列及工资制度"。建立符合职业特点的司法人员管理制度，打造一支高素质司法队伍，是实现司法现代化的重要条件和必由之路。

一、司法人员实行员额制管理

内部人事管理体制改革的核心在于从人事管理角度，不仅关注如何为法官、检察官独立办案提供良好的内部制度支持，还关注如何为法官、检察官在独立基础上进一步实现职业化办案提供良好的内部制度支撑。改革的总体思路是对司法人员进行人员分类，逐步确定法官、司法行政人

---

① 参见汤维建：《建立和完善司法人员分类管理制度》，《光明日报》2014年3月4日，第1版。

员和司法辅助人员的比例,在人员管理上实行分类管理,实行不同职务序列管理制度。员额内的法官单独序列管理,与行政职级相对脱钩,实行不同于普通公务员的管理制度,实行"单独序列、单独管理、单独保障"。探索建立法官助理和书记员单独职务序列管理制度,使每一类人员都有各自的晋升渠道和职业发展空间。为确保人员分类井然有序,名实相当,进一步规定实施员额制管理,规定各类人员的员额比例,确保专编专用。对法官、检察官实行员额制管理,通过改革可以有效加快缓慢的自然代际更替以更快地推进司法人员职业化进程,改革过渡期的设定将使该目标在一段时间内成为现实的合理预期。随着法官、检察官选任要求的提高,职业化水平的提升,人员分类磨合期逐渐转入合作稳定期,可将有限的司法资源更加集中地分配到高职业化水平的法官、检察官群体,进一步提升职业化水平。

法官、检察官专司办案核心事务,包括开庭、评议、撰写文书等,司法辅助人员直接辅助法官、检察官从事办案事务性工作,司法行政人员承担相应行政事务。司法职业化强调正视不同分工的存在,实行不同的管理体制,对法官、检察官序列实行更为严格的选任和管理,同时资源配置和机构管理突出审判中心地位,进一步明确界定法官审判职责,实行法官单独序列和职称制度,优化以法官为主体、以审判为核心的工作机制。减少和削减非业务部门,整合越来越细化的审判部门,明确划分审判岗位与行政岗位,清晰规范法官、审判辅助人员和司法行政人员工作职责,以及他们之间工作的衔接,真正形成以法官为中心、以服务审判为重心的法院管理运行机制,建立分类科学、结构合理、分工明确、保障有力的法院人员管理制度。科学确定法官、检察官的员额与比例,以上海司法队伍的实际情况分析为例,员额制改革之前从事一线办案的法官、检察官约占队伍总数的50%,虽然上海地区案件数量大,法官、检察官承担着较大的办案压力,但考虑到实行人员分类后变革法官、检察官工作模式,为其配置相应司法辅助人员从事事务性工作的预期,根据司法体制改革"上海方案",规定从原有的法官、检察官中选任出能办案、会办案的法官、检察官进入序列,总员额约占队伍总数的33%。按照一名法官或检察官至少配备一名辅助人员的数量计算,辅助人员应当具有相当规模,上海将司法辅助人员的比例控制在52%,通过这样的安排,确保从事一线办案的司法人员约占队伍的85%以上。司法行政人员则相对精简,控制在15%的比例。

在法院系统内部,对审判工作与司法行政工作实行分开管理,通过优化法院内部组织机构和人员,科学配置司法行政权能,建立符合法院工作规律的司法行政管理组织机构和决策执行机制。加强专业人才的选拔培养工作。充分利用空余行政或事业编制,公开招录财务、统计、计算机、资产管理等岗位的专业人才,做到因岗定人、人尽其才。积极吸纳相关专业人才,将一些政治素质好、工作能力强、有专业技能的人员充实到司法行政工作的各个岗位上,提高司法行政工作的专业化水平。

二、加强法学教育,健全遴选制度,提高司法人员职业化能力

与立法工作和行政工作不同,司法工作的实质是一种对事实、证据的判断以及在此基础上进行的法律适用活动,整个过程离不开对事实和法律的审查与判断,所以说,司法工作具有明显的专业性,因此对司法人员的专业素质和专业水准的要求也相对比较高,司法人员的职业化建设体现了司法规律对司法人员在配置上的高要求。推进法治队伍的正规化、职业化建设也是党的十八届四中全会提出的作为全面推进依法治国的一项重要内容,司法人员的职业化改革是司法体制改革及司法现代化得以向纵深推进的重要前提。

任何制度都有孕育其的土壤,司法人员的遴选制度也不例外,我们在进行制度构建时应立足本国国情,建立具有中国特色的司法人员遴选制度。从立法层面和制度上真正解决司法存在的问题,将法官任免、人员编制、人事管理提高到省一级统管,使司法权的国家属性和宪法地位得以彰显。法院工作人员实行省级统一管理,市县法院院长由省级党委管理,法官由省统一组织遴选并按法定程序任免,全省法院机构编制统一由省级

机构编制部门归口管理。

2014年,最高人民法院"四五改革纲要"在完善法官选任制度方面提出了具体要求。第一,要提高司法人员任职的学历条件。社会变得越来越复杂,法律规范也变得越来越具有抽象性和普遍性,丰富的法律专业知识和法律思维能力,必须经过长期的系统正规专业训练才能拥有。大学教育不仅使得学生掌握充分的法律专业知识和技能,更为重要的是它还能促成司法人员的职业思维、职业伦理等特定素质的养成。因此,提高司法人员任职的学历条件很有必要。一般情况下应是正规高等院校法律专业本科毕业并取得学士学位,高级人民法院和最高人民法院则学历要求更高。第二,提高司法人员的准入门槛,必须要通过国家统一司法考试。实现司法人员的专业化,严把司法人员的准入关。如果准入门槛过低,则无法实现优胜劣汰,难以建立高素质的司法人员专业队伍。我国自2002年实行国家统一司法考试,改变了原先初任法官和初任检察官都是由人民法院和人民检察院自行考试的做法,将考试的标准提升到了律师资格考试标准的难度与高度。国家统一司法考试运行至今,为提高司法人员的专业素质与专业能力,守住司法人员的入门关发挥了至关重要的作用。对于司法人员来说,从事司法工作不仅需要自然理性,也需要后天获得的理性,这就需要后天的法律教育、司法历练等知识和经验的培养来实现。所以,司法人员在参与司法工作之前,还需要进行统一的职前培训,这主要是针对司法实务和诉讼技能的专业训练,以提高司法人员的综合素养和司法实践能力,满足全面依法治国背景下社会民众对于司法人员的专业能力期盼。第三,要求司法人员必须具备相应的法律职业经历。法律是兼顾秩序、公平和自由的规范,要求平和、保守、冷静的专业人员予以适用,司法人员必须能够参透人情世故、洞察社会现实,具备应对诉讼变数的能力。所以,适当延长被选任者曾经从事法律职业的年限,以保证初任司法人员具有相当丰富的实践经验和人生阅历,这是符合司法规律和运行要求的制度安排。第四,拓宽选任渠道,完善选任机构与程序。司法人员行使的是司法权,与上命下从的行政权运作机理不同,司法权的运作要求是独立行使。在司法人员的选任主体上,为防止司法地方化,应当提升司法人员的遴选机构的主体地位。根据党的十八届三中、四中全会的精神，司法人事制度的改革主要体现为，全省法官将统一提名，组建法官遴选委员会和惩戒委员会，由法律职业共同体代表、组织人事部门和社会人士代表组成。组织人事部门和社会人士主要负责对候选人的政治和品行进行综合考察，由包括法官代表、检察官代表、律师代表和法学学者代表等在内的法律职业共同体负责审查候选人的业务能力、专业技能和职业操守。拓宽法官选任渠道，上级法院法官原则上从下级法院择优遴选，逐步加大从基层法院遴选法官的力度，畅通从符合任职条件的律师、法学研究人员和其他法律工作者中选任法官的渠道，使得具有丰富诉讼经验的年龄成熟律师能够进入司法官队伍，提高司法官的专业素质与能力。除律师之外，法学专家转任司法官也不失为一个合适的选任渠道。法学专家具有丰富的法学理论知识，也有较强的将理论知识转化为司法实践的动力与能力，这可以极大地提升司法活动的科学含量，确保司法审判的质量。近年来，我国实行学者到司法机关挂职的制度，让法学专家有机会近距离观察司法活动，了解司法的实际运作，成功地将自己的法学理论思考指导实际的案件办理，对于司法实践中一些疑难法律问题的解决，发挥了积极的作用。但是，还需要进一步完善相关制度，提升司法岗位对成功律师和知名法学专家的吸引力，让他们在从事司法工作时既能实现自身价值，又能增强对司法职业的认同感。

三、完善司法人员职业保障制度

从现代法治发展实践看，法官、检察官职业直接关系对生命财产权的处断，为确保其独立公正行使职权，往往较普通公务员配置更多的资源，享有更为优越的职业保障，包括任职保障、职业发展及经济保障、安全保障等多方面内容。在我国，法官、检察官职业保障体系在长期科层制的行政化管理模式下职业发展、薪酬待遇等职业保障不足问题较为突出，以职业化为导向进行改革，在解决突出问题的基础上逐渐推进全面职业保障体系建设,确保司法人员履职无后顾之忧,因此,只有建立尊重司法规律和人性特质的司法队伍管理制度,司法体制改革的整体推进才能顺利进行。首先,确定司法人员一般的职业发展模式。法官、检察官的职业发展以职业等级晋升为模式,合理规定等级晋升年限,职业等级主要实行考核合格自然晋升制,保障法官、检察官安心办案;院长、庭长等具有业务职权的行政领导职务的晋升应当以职业等级为前提,从具备一定职业等级的法官、检察官中选任,为既有办案能力又有管理能力的优秀法官、检察官走上领导岗位创造条件;法官、检察官的职业发展应当具有相当的稳定性,但不是完全封闭的体系,应注重构建畅通的人才交流渠道,形成队伍建设良性发展机制。为基层法官、检察官的职业发展提供可选择的两种模式。在大的体制背景下,职业等级仍然与司法机关的级别相挂钩,不同级别法院、检察院其职业等级区间不同,如上海基层法院法官职业等级最低为五级,而最高法院最低就为一级,基层法官为了获得更好的职级晋升空间将积极参加上级遴选。司法人才由下向上地流动固然是职业发展的重要模式,但在基层繁杂巨大的办案任务下,也应当考虑到为基层留住人才。换言之,鼓励基层法官、检察官在基层安心办案亦可以获得良好的职业尊荣感。其次,建立法官职务行为豁免原则。法官任职保障制度,是指法官一经任职,非因法定事由,非因法定程序,不受免职、撤职、调离、停职或者降职、降薪等处分。出于保障法官依法独立公正行使职权的目的,在完善司法责任追究制度的同时,应相应地建立起法官职务行为豁免制度,即法官在行使职权过程中,如果不是因个人主观原因,而是因为法律漏洞等客观原因而发生的错判等情况,不负法律责任。党的十八届三中全会提出,要健全法官职业保障制度,十八届四中全会进一步提出,要完善法官职业保障体系,建立健全司法人员履行法定职责保护机制,非因法定事由,非经法定程序,不得将法官调离、辞退或者作出免职、降级等处分。因此,建立法官任职保障制度,是完善法官职业保障体系的重要组成部分。禁止惩戒法官的实质性裁判行为,是世界各国通行的做法。法官职务行为豁免原则,在我国立法上已有所体现。《法官法》第 4 条规定:"法官依法履行职责,受法律保护。"《国家赔偿法》规定法官违法履行职责给当事人造成损失的,由国家承担赔偿义务。《人民法院审判人员违法审判责任追究办法(试行)》规定,有下列情形之一的,审判人员不承担责任:(1)因对法律、法规理解和认识上的偏差而导致裁判错误的;(2)因对案件事实和证据认识上的偏差而导致裁判错误的;(3)因出现新的证据而改变裁判的;(4)因国家法律的修改或政策的调整而改变裁判的;(5)其他不应当承担责任的情形。① 最后,严格法官责任追究程序。完善法官任职保障制度,除了职务行为豁免原则外,还应建立严格的法官责任追究程序。法官不同于一般的公务员,对于法官的责任追究特别是刑事责任追究,必须有一套特别的程序,以防止对法官随意免职、撤职、调离、拘留、逮捕等行为,依法保障法官的合法正当权利。在我国,对法官的刑事责任追究,没有特别的程序性规定,与一般犯罪追究无异,法官的权利往往得不到应有的保障。因此,在追究法官的刑事责任方面,建立严格的程序,法官涉嫌违法犯罪需要追究的,由有关司法机关提请省级以上人大常委会或法官惩戒委员会许可,提请许可报告内容应当包括法官的基本情况、案件调查情况、涉嫌违法犯罪事实、法律依据、主要证据及性质认定,拟采取的强制措施等,未经许可的,有关机关不得随意对法官采取强制措施或追诉。

四、加强对司法人员的职业伦理与警示教育,及时遏制违规行为

在一些情况下,司法的不公正是由司法人员的腐败行为造成的,而司法人员腐败行为的出现与司法人员自身的价值观念和司法职业伦理的缺失有密切的关联。传统中国,司法伦理与行政伦理合二为一,共享相同的准则与理念,这种延续千年的古老传统构成了司法必须面对的文化背景。新中国成立后,司法机关的自我定位一直围绕着"为国家的中心工作服务",未能形成相对独立的司法伦理准则和价值目标。近年来,司法机关

---

① 参见邹利、黄晓珍:《我国法官豁免制度的构建》,《法制与社会》2008年第5期(下)。

努力进行的文化建设，倡导的"法院文化"，也未能真正融入司法人员的情感之中，也未转化为一种相对独立的司法伦理，可以说，司法领域并未能够形成自己独特的"伦理防火墙"来抵御腐败。所以，加强司法职业伦理体系的构建和司法职业伦理的教育是司法腐败预防惩治体系中的关键举措。当前，我国正处于社会矛盾多发时期，司法职业伦理的教育应当侧重于重塑司法人员"清正、廉洁、忠诚、为民"的核心价值理念，培养司法人员的法治信仰和自律意识，提升司法人员的职业尊荣感。着手建立司法职业伦理的终身教育和督导评价机制，使司法职业伦理成为规范司法人员职业行为的法律习惯。加大对司法人员的职业保障，维护司法职业在社会阶层中的尊崇地位，有助于司法职业伦理体系的巩固。

加强对司法人员的作风建设，开展反映职业特点的专题警示教育，坚定司法人员公正廉洁、司法为民的法治信仰。习近平总书记在中央政法工作会议上深刻指出，"执法不严、司法不公，一个重要的原因是少数干警缺乏应有的职业良知"。2021年政法系统针对司法人员的职业特点，以贴近司法工作实际的特色教育形式开展警示教育，通过分析解剖具体案例，让司法人员明晰纪律的底线和法律的红线，培养司法人员对法律的敬畏与尊重，自觉树立法律至上的职业理念。发挥警示教育基地的作用，在监狱等特殊场所建立警示教育平台，强化腐败惩治的震慑、教化功能。在司法实践中，司法腐败与司法行为的违法违规相关联，所以，司法腐败防治的关键是要及时发现并纠正违法违规的司法行为，防止小问题演化为大腐败。司法活动具有较强的程序性，如果司法人员严格按照法定程序开展工作，司法行为合法合规，那么，徇私枉法、司法腐败就不容易发生。任何司法腐败，无论其是否隐藏或隐藏多深，必然源自违法违纪违规的职务行为。所以，预防违规和不规范的司法行为，就是预防司法腐败的发生。而且要加强事前预防性监督措施，注重收集司法行为中暴露出来的异常性、趋向性和苗头性的信息，排查腐败的风险点，及时提示预警与督促，规避司法腐败发生的风险。建立检察机关对司法机关及司法人员职务行为的监督与制约机制，完善监督程序，落实监督责任，促进司法裁量权的有效行使和司法活动的合理规范。

第四节 完善司法权力监督制度

"一切有权力的人都容易滥用权力。"①对权力进行有效控制已经成为人类政治生活的铁律。司法权作为一项裁断是非、化解社会矛盾纠纷的公共权力,具有权力的一般属性,是国家权力体系的重要组成部分。加强和完善司法监督,是健全完善司法权力运行机制、促进司法权依法独立公正行使的必然要求。

一、全面依法治国背景下司法权运行的制度约束

全面推进依法治国是当前我国的基本方略。我国把司法监督制度的改革放在这一大的背景下进行,坚持法治的原则和要求,尊重司法权的特性和运行规律,同时考量我国的国体、政体和基本国情。以保障和实现司法权的正当运行为出发点,进一步完善司法程序系统,强化程序系统内的监督,规范程序系统外的监督,优化司法系统环境,进而构建和完善系统自治性司法监督模式,成为我国司法监督制度改革的制度设计。这大致主要包括三个方面内涵:一是坚持党的领导,主要体现在党的路线方针政策在司法工作中的贯彻落实上,同时也包括党对司法体制的掌控以及对司法机构主要成员的选任等方面。二是立足现有权力架构,即"议行合一"的人民代表大会制度下的"一府两院制",法律为三种权力设定具体的权能和严格的边界。三是立足我国司法现状,包括司法的现有职能地位、机构设置、法官整体素质以及社会大众的法治意识和文化心理等。

司法权以追求公平正义为己任,作为重要的国家权力,必须从制度上

---

① 孟德斯鸠:《论法的精神》,许明龙,译,商务印书馆 2012 年版,第 185 页。

强化约束,用精巧的制度安排实现司法监督的基础依托,实现"把权力关进制度笼子里"的权力制约要求。党的十八届四中全会《决定》从提升司法的公正与廉洁、提升人民对于司法的公信力出发,在多方面提出了对司法权运行的制度安排,主要包含四个方面的内容:一是建立司法机关内部人员过问案件的记录、通报和责任追究制度,在司法机关内部人员之间建立司法业务上的隔离措施,不得彼此违规干涉他人正在办理的案件;二是惩治司法人员的捐客行为,规范司法人员接触当事人及律师、特殊关系人和中介组织的行为,禁止泄露案情、为律师介绍业务等利益输送行为;三是整治司法工作作风,破除各类不合理的潜规则。改革举措抓住了司法制度约束的关键人群和重点环节,以司法责任倒逼司法人员内部的规范、自律,以期构建牢靠可行的司法权运行监督机制。

二、上下级法院之间的审级监督

我国人民法院被划分为四级,上下级法院之间相互独立,形成了审级监督关系,上级法院对下级法院已经进行的审理活动及作出的判决进行纠错。上级法院审判程序的启动是基于当事人对下级法院判决的不满意或者检察机关认为同级法院的判决确有错误,而不取决于下级法院的主动移送或上级法院的主动提起。没有当事人或者检察机关以对下级法院作出的裁决提出异议的方式作出启动上一级审判的意思表示,上级法院就不能主动对下级法院审理的案件进行干预。在我国,对于审级制度的威胁来自法院系统内部具有普遍性的案件请示制度,上级法院往往乐于为下级法院审理的案件发出具体指示,这是对审级制度的破坏,使上下级法院无法发挥纠错功能,也会损害当事人的诉讼权利和合法权益。所以,改变行政化的管理模式,将实质上的领导关系恢复为宪法上的监督关系。

党的十八届三中、四中全会在关于如何改革审级制度方面,提出要合理界定四级人民法院的职能。一是进一步扩大基层法院一审管辖权,限缩中级法院的初审权;高级法院定位于专门的上诉法院,只审理上诉和再审案件；最高人民法院除办理具有重大法律适用意义的上诉案件和再审案件外，立足行使司法解释权和加强案例指导工作，着重发挥统一法律适用和宏观业务指导职能。二是科学界定审级程序功能。突出一审程序在解决事实认定和法律适用方面的作用，强化二审程序在解决事实法律争议、实现二审终审方面的作用，发挥再审程序在解决依法纠错、维护裁判权威方面的作用。① 三是规范上级法院对下级法院的业务指导，限制并逐步取消案件请示、提前介入等违背审级独立原则的做法，尊重和支持下级法院依法独立行使审判权。通过这样的机制改革，更好地提升各级人民法院的专业能力，发挥人民法院体系内部的监督职能，从而维护法院的权威和司法的公信力。

三、改革与完善检察机关的法律监督

我国《宪法》和《人民检察院组织法》从立法上将检察机关定位为法律监督机关。人民检察院在刑事诉讼活动中对诉讼过程进行法律监督，主要表现在监督公安机关的侦查活动、监督人民法院的审判活动和监督执行机关的执行活动等。人民检察院作为专门的法律监督机关，是具有中国特色社会主义司法制度的重要组成部分。检察机关的法律监督主要有三个方面：一是厘清检察监督权与审判权的关系。两者之间是一种分权制衡、平权独立、行权协作关系，要保障两者的平等独立地位，坚守各自权力边界。二是合理配置检察机关权力资源，明晰检察机关的侦查权、公诉权和法律监督权的作用以及角色定位，按照权力分立和制衡原则，实现不同性质职能在检察机关内部的有效分离。三是强化两者双向制约。在实现检察权、监督审判权的同时，体现审判权对检察权的有效制约，通过建立不起诉司法审查制度，加大对撤诉、追加及变更起诉、抗诉的司法审查与裁判制约力度等，保障公诉权与抗诉权的正当行使。

---

① 参见《〈中共中央关于全面推进依法治国若干重大问题的决定〉辅导读本》，人民出版社2014年版，第22—23页。

2018年新修订的《刑事诉讼法》第209条规定:"人民检察院发现人民法院审理案件违反法律规定的诉讼程序,有权向人民法院提出纠正意见。"这条规定很大程度上就是检察机关对人民法院实施监督的合法性的依据。但是需要注意的是,因为庭审监督与现代诉讼的基本构建及性质相悖,在司法实践中容易产生负面效应,应当尽量避免检察机关在庭审时从实体内容上对法院审判进行法律监督,保持法院在处理实体问题上的权威性。但是,检察官庭审时对法官是否遵守程序规则进行监督,纠正法官的程序违法行为,则符合诉讼法的内在原理,尤其在我国受"重实体、轻程序"观念影响至深的司法环境下,检察官当庭对法官的程序违法行为予以监督,也是一种极具现实意义的制度设计。检察官对法官庭审程序违法行为当庭提出纠正意见,可以作为控方通过诉权来行使,而不应当是具有强制执行力的"指令",由合议庭裁量决定是否接受,以此维护基于审判中心主义的审判权威。

参考文献

（一）经典作家论著

[1]《马克思恩格斯文集》(1—10卷)，人民出版社2009年版。

[2]《马克思恩格斯选集》(1—4卷)，人民出版社2012年版。

[3]《列宁专题文集》，人民出版社2009年版。

[4]《毛泽东选集》(1—4卷)，人民出版社1991年版。

[5]《邓小平文选》(第1、2卷)，人民出版社1994年版。

[6]《邓小平文选》(第3卷)，人民出版社1993年版。

[7]习近平：《高举中国特色社会主义伟大旗帜　为全面建设社会主义现代化国家而团结奋斗——在中国共产党第二十次全国代表大会上的报告》(2022年10月16日)，人民出版社2022年版。

[8]《中共中央关于全面推进依法治国若干重大问题的决定》，人民出版社2014年版。

[9]《中共中央关于进一步全面深化改革　推进中国式现代化的决定》，人民出版社2024年版。

[10]习近平：《论坚持全面依法治国》，中央文献出版社2020年版。

[11]习近平：《在庆祝中国共产党成立100周年大会上的讲话》，人民出版社2021年版。

[12]中共中央文献研究室编：《习近平关于全面依法治国论述摘编》，中央文献出版社2015年版。

[13]本书编写组：《中国共产党第十九次全国代表大会文件汇编》，人民出版社2017年版。

[14] 本书编写组：《中国共产党第二十次全国代表大会文件汇编》，人民出版社 2022 年版。

[15]《习近平谈治国理政》，外文出版社有限责任公司 2014 年版。

[16]《习近平谈治国理政》（第 2 卷），外文出版社有限责任公司 2017 年版。

[17]《习近平谈治国理政》（第 3 卷），外文出版社有限责任公司 2020 年版。

[18]《习近平谈治国理政》（第 4 卷），外文出版社有限责任公司 2022 年版。

[19]《中共中央关于党的百年奋斗重大成就和历史经验的决议》，人民出版社 2021 年版。

[20] 中共中央宣传部等编：《习近平法治思想学习纲要》，人民出版社、学习出版社 2021 年版。

[21] 中共中央文献研究室编：《十八大以来重要文献选编》（上），中央文献出版社 2014 年版。

[22] 中共中央文献研究室编：《十八大以来重要文献选编》（中），中央文献出版社 2016 年版。

[23] 中共中央文献研究室编：《习近平关于全面深化改革论述摘编》，中央文献出版社 2014 年版。

[24] 习近平：《加快建设社会主义法治国家》，《求是》2015 年第 1 期。

[25] 习近平：《加强党对全面依法治国的领导》，《求是》2019 年第 4 期。

[26] 习近平：《坚定不移走中国特色社会主义法治道路　更好推进中国特色社会主义法治体系建设》，《求是》2022 年第 4 期。

[27] 中共中央办公厅、国务院办公厅印发《法治政府建设实施纲要（2015—2020 年）》

二、国内外代表性著作

[1] 朱立恒：《社会主义法治理念视野下的司法体制改革》，法律出版社 2012 年版。

[2] 卞建林主编：《现代司法理念研究》，中国人民公安大学出版社

2012年版。

[3] 江必新：《辩证司法观及其应用》,中国法制出版社2014年版。

[4] 张文显主编：《中国特色社会主义司法理论体系研究》,法律出版社2014年版。

[5] 卞建林,等：《中国司法制度基础理论研究》,中国人民公安大学出版社2013年版。

[6] 陈金全主编：《新中国法律思想史》,人民出版社2011年版。

[7] 蒋传光,等：《新中国法治简史》,人民出版社2011年版。

[8] 陈卫东主编：《建设公正高效权威的社会主义司法制度研究(第一卷)》,中国人民大学出版社2011年版。

[9] 邹川宁：《司法理念是具体的》,人民法院出版社2012年版。

[10] 公丕祥：《当代中国的司法改革》,法律出版社2012年版。

[11] 崔永东：《中国传统司法思想史论》,人民出版社2012年版。

[12] 最高人民法院课题组：《司法改革方法论的理论与实践》,法律出版社2014年版。

[13] 谭世贵,等：《中国司法体制改革研究》,中国人民公安大学出版社2013年版。

[14] 程竹汝：《依法治国与深化司法体制改革》,上海人民出版社2014年版。

[15] E. 博登海默：《法理学：法律哲学与法律方法》,邓正来,译,中国政法大学出版社1999年版。

[16] 最高人民法院中国特色社会主义法治理论研究中心编写：《法治中国——学习习近平总书记关于法治的重要论述》(第2版),人民法院出版社2017年版。

[17] 王小红：《行政裁决制度研究》,知识产权出版社2011年版。

[18] 夏锦文、方乐主编：《司法现代化》,法律出版社2016年版。

[19] 姜明安主编：《行政法与行政诉讼法》,北京大学出版社、高等教育出版社2015年版。

[20] 张文显：《法哲学范畴研究》,中国政法大学出版社2001年版。

［21］公丕祥：《法制现代化的理论逻辑》（修订版），商务印书馆2021年版。

［22］谢国伟主编：《新时代的中国式司法现代化》，法律出版社2023年版。

［23］公丕祥主编：《中国式法治现代化的理论逻辑》，法律出版社2023年版。

［24］陈卫东主编：《建设公正高效权威的社会主义司法制度研究（第一卷）》，中国人民大学出版社2011年版。

［25］龚廷泰：《马克思主义法律思想通史（第二卷）》，南京师范大学出版社2015年版。

［26］公丕祥：《马克思主义法律思想通史（第一卷）》，南京师范大学出版社2015年版。

［27］《司法研究》编辑委员会编：《司法研究（1—4卷）》，法律出版社2010年版。

［28］张晋藩主编：《中国司法制度史》，人民法院出版社2004年版。

［29］［美］罗伯特·达尔著，王沪宁等译：《现代政治分析》，上海译文出版社1987年版。

三、国内外代表性论文

［1］姜伟：《深化司法体制综合配套改革　加快建设公正高效权威的中国特色社会主义司法制度》，《民主与法制》（周刊）2022年第10期。

［2］卞建林：《习近平法治思想中的司法改革理论要义》，《法商研究》2022年第1期。

［3］潘剑锋、牛正浩：《检察公益诉讼案件范围拓展研究》，《湘潭大学学报（哲学社会科学版）》2021年第4期。

［4］汤维建：《公益诉讼实施机制的生成路径研究——公益诉讼地方立法述评》，《人民检察》2021年第11期。

[5] 孟祥沛：《司法公信力的本质属性及其对评估指标的影响》，《政治与法律》2021年第12期。

[6] 王福华：《公益诉讼的法理基础》，《法制与社会发展》2022年第2期。

[7] 颜运秋：《习近平法治思想中有关公益诉讼的重要论述及其展开》，《中国政法大学学报》2022年第1期。

[8] 易亚东：《国家监察体制改革背景下的行政检察》，《中国检察官》2018年第11期。

[9] 崔亚东：《司法公信力指数的探索与建立》，《中国应用法学》2017年第3期。

[10] 孙笑侠：《论司法多元功能的逻辑关系——兼论司法功能有限主义》，《清华法学》2016年第6期。

[11] 公丕祥：《新时代中国司法现代化的理论指南》，《法商研究》2019年第1期。

[12] 公丕祥：《中国式法治现代化新道路的内在逻辑》，《法学》2021年第10期。

[13] 江必新：《习近平法治思想对法治基本价值理念的传承与发展》，《政法论坛》2022年第1期。

[14] 何勤华：《论新中国法和法学的起步——以"废除国民党六法全书"与"司法改革运动"为线索》，《中国法学》2009年第8期。

[15] 方宏伟：《司法改革理论的特质》，《理论视野》2013年第10期。

[16] 杨建军：《司法改革的理论论争及其启迪》，《法商研究》2015年第3期。

[17] 黄文艺：《习近平法治思想要义解析》，《法学论坛》2021年第1期。

[18] 方乐：《以人民为中心司法理念的实践历程及其逻辑意涵》，《法律科学（西北政法大学学报）》2021年第4期。

[19] 陈光中、魏晓娜：《论我国司法体制的现代化改革》，《中国法学》2015年第2期。

[20] 秦前红、苏绍龙：《深化司法体制改革需要正确处理的多重关系——

以十八届四中全会〈决定〉为框架》,《法律科学(西北政法大学学报)》2015 年第 1 期。

[21] 徐昕、黄艳好、汪小棠:《中国司法改革年度报告(2014)》,《政法论坛》2015 年第 5 期。

[22] 李少平:《全面推进依法治国背景下的司法改革》,《法律适用》2015 年第 1 期。

[23] 杨建军:《司法改革的理论论争及其启迪》,《法商研究》2015 年第 3 期。

[24] 姜明安:《改革和完善行政诉讼体制机制加强人权司法保障》,《国家行政学院学报》2015 年第 1 期。

[25] 施鹏鹏、王晨辰:《论司法质量的优化与评估——兼论中国案件质量评估体系的改革》2015 年第 1 期。

[26] 杨翔:《法院地位与独立行使审判权——当下我国司法改革路径的思考》,《湘潭大学学报(哲学社会科学版)》2015 年第 1 期。

[27] 韩德强、屈向东:《十八届四中全会司法改革新举措之解读》,《北京行政学院学报》2015 年第 3 期。

[28] 王平:《论推进人民陪审制度改革——以司法公信力建设为视角》,《法律适用》2015 年第 2 期。

[29] 贾康:《全面推进依法治国:从政府事权与司法管辖权的合理化看法治化配套改革》,《经济研究》2015 年第 1 期。

[30] 高翔:《全国审判业务专家制度的生长与走向——兼论司法改革背景下的法官专业化》,《法律适用》2015 年第 3 期。

[31] 郑青:《论司法责任制背景下检察指令的法治化》,《法商研究》2015 年第 7 期。

[32] 金泽刚:《司法改革背景下的司法责任制》,《东方法学》2015 年第 11 期。

[33] 葛自丹、许志华:《司法改革方法论研究的问题与对策》,《法律适用》2015 年第 8 期。

[34] 刘红臻:《新一轮司法改革的难题与突破——"司法改革与司法文明"理论研讨会综述》,《法制与社会发展》2014 年第 11 期。

后　记

《中国式法治现代化的理论与实践——以司法现代化为视角》一书终于完稿了，本书的写作初衷源于我被"中国式法治现代化"这一宏大命题深深吸引。"中国式法治现代化"不仅是时代的命题，更是关系国家长治久安与人民幸福安康的重大课题。而司法作为法治建设的关键环节，其现代化进程无疑对法治现代化整体格局有着深远影响，承载着实现公平正义、推动社会进步的重要使命。怀揣着这一份热忱与对中国式法治现代化的长期关注，我决定深入研究这一领域。

在研究过程中，我深刻感受到司法实践的复杂性与法治现代化的紧迫性。中国式法治现代化的实现路径是中国共产党带领中国人民，结合中国国情与具体实践，逐步探索出的具有中国特色的法治现代化道路。司法现代化作为中国式法治现代化建设的重要一环，既需要制度设计的科学性，也需要实践层面的适应性。本书试图以司法现代化为视角，从理论与实践层面，探讨中国式法治现代化的实现路径。

本书写作过程中，虹口区委党校常务副校长温美平教授、副校长忻雪、杨俊、张顺以及各位朝夕相处的同事，都给了我莫大的帮助与支持，感谢他们的宝贵意见让本书的思路更加清晰，措辞更加严谨。感谢同济大学李占才教授、龚晓莺教授、杨小勇教授以及上海市委党校的学术前辈们，他们的学术指导与修改建议拓宽了我的研究视野，使我在研究过程中少走许多弯路。感谢虹口区政法委、虹口区人民法院、虹口区人民检察院、虹口区司法局各位领导为我提供了大量的第一手资料，并耐心地与我畅谈对于司法现代化实践的理解与看法，让我的思考得以不断深入。感谢上海大学出版社邹亚楠编辑，她的认真细致让本书的细节更加完善。也要感谢我的家人，他们无微不至的关怀与支持是我能够潜心研究的重要保障。

  我深知,本书只是对中国式法治现代化理论与实践的初步探索。法治现代化是一个动态的、不断发展的过程,随着时代的变迁,必然会出现新的问题和挑战。我希望本书能够起到抛砖引玉的作用,激发更多学者对这一领域的关注和研究,共同推动中国式法治现代化事业走向更高水平。

  由于学识和能力的限制,也由于司法现代化实践探索的不断推进,书中难免存在一些不足、疏漏,甚至谬误。在此,我衷心地希望各位读者不吝批评指正!

李银娥

2025 年 4 月 28 日于上海